国民政府监察院分区监察制度的历史考察与当代启示

孙宗一　著

江苏高校哲学社会科学研究项目“国民政府监察院分区监察制度研究”（2016SJB770002）的研究成果

科 学 出 版 社

北　京

内 容 简 介

监察院分区监察制度是南京国民政府行政监察体制的重要组成部分。本书将监察院分区监察制度放在近代中国由传统社会向现代社会转型的历史大背景下加以考察，从国家治理现代化的视角进行分析。行政监察是现代政府的一项重要职能，行政监察制度在现代国家政治制度体系中具有不可替代的地位和作用。本书对监察院分区监察制度的研究，从一个侧面透视了近代中国社会转型时期国家治理现代化的进展情况，以期在实践上对当今中国国家治理体系的完善有所助益。

本书适合从事相关研究和专业学习的教师、学生、科研人员、党政机关和企事业单位的领导干部，以及从事纪检监察工作的人员阅读。

图书在版编目（CIP）数据

国民政府监察院分区监察制度的历史考察与当代启示/孙宗一著. —北京：科学出版社，2018.1

ISBN 978-7-03-054970-9

Ⅰ. ①国…　Ⅱ.①孙…　Ⅲ. ①国民政府-监察-国家机构-研究　Ⅳ. ①D693.23

中国版本图书馆 CIP 数据核字（2017）第 260683 号

责任编辑：刘英红 / 责任校对：张小霞

责任印制：吴兆东 / 封面设计：华路天然工作室

科学出版社 出版

北京东黄城根北街 16 号

邮政编码：100717

http://www.sciencep.com

北京京华虎彩印刷有限公司 印刷

科学出版社发行　各地新华书店经销

*

2018 年 1 月第　一　版　开本：720 × 1000　1/16

2018 年 1 月第一次印刷　印张：10 1/4

字数：184 000

定价：68.00 元

（如有印装质量问题，我社负责调换）

前　言

南京国民政府实行五权分立的政治体制，作为国家最高监察机关的监察院成立以后，在地方上推行分区监察制度——将全国划分为若干个监察区，设立监察使署，派遣监察使分赴各地，代表中央政府行使监察权。早在南京国民政府实行“训政”之初，监察院分区监察制度就开始酝酿，自1935年起正式实施，1949年国民党政权败逃台湾以后宣告终结。监察院分区监察制度从准备、实施到废止，几乎与国民党统治大陆时期相始终，可以说是南京国民政府行政监察体制的重要组成部分。

从现代政治学的视角看，行政监察制度，是指“国家在行政机关内部设立专门的行政机关，对其他国家行政机关及其工作人员和由国家行政机关任命的其他人员是否遵守国家法律和纪律予以检查、调查、处理或提出建议的制度”。[①]从本质上来说，行政监察是一种管理系统内部的自律行为，其主要功能“就是通过行政监察活动，加强行政管理，提高行政效能，促进国家行政机关及其工作人员为政清廉，建立廉洁高效的行政体系”。[②]美国学者塞缪尔·P. 亨廷顿认为，“政治现代化包括划分新的政治职能并创制专业化的结构来执行这些职能。具有特殊功能的领域——法律、军事、行政、科学——从政治领域分离出来，设立有自主权的、专业化的但却是政治的下属机构来执行这些领域里的任务。各级行政机构变得更加细致、更加复杂并具有更加严明的纪律”。[③]现代国家行政活动具有广泛性和复杂性，随着行政权力的急剧膨胀，日益渗透进社会经济事务的各个领域，客观上要求行政机关强化内部监督，完善自我约束机制，提高自我调控能力，以维持国家机器的正常运转。因此，行政监察就成为现代政府的一项重要职能，行政监察制度在现代

① 杜兴洋主编：《行政监察学》，武汉：武汉大学出版社，2008年，第3页。

② 杜兴洋主编：《行政监察学》，武汉：武汉大学出版社，2008年，第17页。

③〔美〕塞缪尔·P. 亨廷顿著：《变化社会中的政治秩序》，王冠华、刘为，等译，上海：上海人民出版社，2008年，第27页。

国家政治制度体系中具有不可替代的地位和作用。

中共十八届三中全会公报指出，“全面深化改革的总目标是完善和发展中国特色社会主义制度，推进国家治理体系和治理能力现代化”。[①]时任国家审计署审计长刘家义将“国家治理”定义为“通过配置和运行国家权力，对国家和社会事务进行控制、管理和提供服务，确保国家安全、捍卫国家权益、维护人民利益、保持社会稳定、推动科学发展”。刘家义还指出，“从各国的实践看，不管国家治理的体制和模式差别有多大，治理的核心始终是公共权力如何有效配置和运行的问题，都需要不同的机构分别担负起决策、执行和监督控制的职责，从而形成相互联系、相互作用和相互依赖的决策系统、执行系统和监督控制系统这三个子系统，它们共同的目标是维护社会经济的健康运行”。[②]从前述行政监察的概念和功能来看，行政监察制度应当属于国家治理体系中的监督控制系统。

有西方学者认为，现代国家的一个重要特征是“政治中心能够领导、推动和批准在自己领土范围内发生的各种各样的社会活动，根据自己制定的、灵活多变的命令管理整个国家”。[③]完善的行政监察制度，是现代国家维持其强大的权力渗透能力的重要保证。20 世纪上半叶是一个动荡和剧变的时代，中国社会正处在由传统向现代转型的过渡阶段。监察院分区监察制度的实施，是中国行政监察领域现代化迈出的重要一步。对监察院分区监察制度的研究，可以从一个侧面透视近代中国社会转型时期国家治理现代化的进展情况。而在此前，关于南京国民政府监察院，学术界已有较多的研究论著，但对于监察院分区监察制度鲜有论及。在当前我国全面深化改革的过程中，“要形成科学有效的权力制约和协调机制，加强反腐败体制机制创新和制度保障，健全改进作风常态化制度”。[④]监察院分区监察制度的设计和运作，可以为当今中国的廉政制度建设提供历史的教训与启示。

笔者认为，监察院分区监察制度既有深远的历史传统和一定的理论基础，又有完整的法律体系作为支撑，还经历了全国范围内的长期实践，在中国近代监察制度发展史上具有相当重要的地位。在研究中，不能仅停留在对监察院在全国划分监察区、在各地设置监察使署等历史现象的阐述和分析，而应当进一步从制度层面加以探讨，否则研究便会浅尝辄止。研究

①《中国共产党第十八届中央委员会第三次全体会议公报》，北京：人民出版社，2013 年，第 4 页。

② 刘家义：《论国家治理与国家审计》，《中国社会科学》，2012 年第 6 期，第 62-64 页。

③〔美〕贾恩弗朗哥·波齐著：《国家——本质、发展与前景》，陈尧译，上海：上海人民出版社，2007 年，第 31 页。

④《中国共产党第十八届中央委员会第三次全体会议公报》，北京：人民出版社，2013 年，第 13 页。

监察院分区监察制度的第一手资料，主要是监察院各监察区监察使署①的档案，这些档案资料主要保存在中国第二历史档案馆和部分省、市的档案馆，目前大多数尚未整理出版。在监察院秘书处编印发行的《监察院公报》中，存有南京国民政府时期各种监察法规的原文、各监察使署的公文及与监察院的往来函电等，可视为第一手资料。此外，监察院历年的工作报告、施政概要，南京国民政府各院、部、会和各省、市政府的公报，当时的一些报刊杂志，以及相关人员的回忆资料和传记资料等，亦可供研究参考。

本书的基本研究思路如下：将监察院分区监察制度放在近代中国由传统社会向现代社会转型的历史大背景下加以考察，将监察院分区监察制度视为南京国民政府统治时期国家治理体系的一个重要节点，从国家治理现代化的视角进行分析。此前，学术界对于中国近代监察制度史的研究，往往侧重于制度规定的探讨，从而忽视了制度设计与实际运作的差异。因此，本书的研究采取宏观考察与个案分析相结合的方法，注重实证性研究，同时亦应注重个案之间的比较研究与分析。在研究中，以历史学的方法为主导，同时结合行政监察学的理论，并借鉴政治学、法学、管理学等学科的相关知识。②

本书属于制度史研究的范畴。根据行文的需要，全书共分为四个部分。第一部（即第一章）主要阐述了监察院分区监察制度的沿革，包括其历史传统、理论基础、法律依据和顶层设计。第二部分（即第二章）论述了监察区的划分、监察使署的主要职权和机构设置情况，并对监察使群体的构成进行了重点分析。第三部分主要探讨监察院分区监察制度的运作，是全书的重点内容。这一部分在个案研究对象的选择上，力求兼顾代表性与可行性。在南京国民政府统治大陆时期，监察院先后在全国十五个监察区设置了监察使署，而本书不可能“面面俱到”。为了考察监察院分区监察制度的运作从“中心地带”到“边缘地带”的差异，本书选取江苏监察使署和闽台监察使署进行重点研究，江苏监察使署的辖区包括当时的江苏省、南京特别市和上海特别市，地处南京国民政府的统治中心；而在抗战胜利后设立的闽台监察使署辖区包括福建省和刚刚光复的台湾省，是情况最为特殊的“边缘地带”。同时，考虑到江苏监察使署的辖区在全面抗战时期大部分沦陷且一度中断运作，为了使本书的研究更加全面且具有说服力，又选取了两湖监察使署（包括当时的湖南省、湖北省和汉口特别市）和皖赣监

① 1948年南京国民政府“行宪”以后，各监察区监察使署改为监察委员行署。

② 行政监察学是一门介乎于政治学和法学之间的交叉学科，所涉及的知识领域较多，可以说是跨学科的综合性知识体系。关于行政监察学的研究范畴及其与相关学科的关系，可参阅杜兴洋主编的《行政监察学》（武汉：武汉大学出版社，2008年）的第一章第三节。

察使署（包括安徽省和江西省）进行补充性研究，这两个监察使署的辖区也属于南京国民政府统治的“中心地带”，在全面抗战时期处于大后方，并未中断运作，相关的研究资料保存得较为完整且较易获取。在这一部分，笔者分别对四个个案的运作情况进行考察之后再比较分析，当能窥见监察院分区监察制度运作的全貌。为了行文方便，这一部分又分为第三、四、五、六、七章。

第四部分（即第八章）是本书的结论。笔者经过分析认为，监察院分区监察制度的实施，对国家治理体系中监督控制系统的完善和国民政府治理能力的提升起到了重要作用。同时也指出，由于中央与地方协同治理机制的缺失，监察院分区监察制度制度陷入了困境——设计上的日益完善与运行中的成效不彰形成了强烈反差，缺乏有效监督与制约的各级地方政权逐渐走向全面腐化，最终动摇了南京国民政府的统治基础。

在这里需要说明的是，除了行政监察制度以外，国家治理体系中监督控制系统的构成要素还包括审计制度、政党监督、立法监督、司法监督、舆论监督及社会团体监督等。因此，南京国民政府的审计制度、公务员惩戒制度及国民党的党内监督制度都与近代中国的国家治理现代化密切相关，限于篇幅，本书无法对上述几种制度与监察院分区监察制度的关联性进行详尽的分析，今后当另有专题研究。

本书的主要特点如下：①全面、系统地阐述监察院分区监察制度的主要内涵和发展脉络，弥补了中国近代监察制度史研究中的薄弱环节。②运用行政监察学的理论，厘清了监察院分区监察制度的性质、地位与功能，进而对“近代中国行政监察领域现代化”这一学术命题进行初步的探讨。③在实证性研究的基础上，基于国家治理的视角，将监察院分区监察制度视为南京国民政府统治时期国家治理体系的一个重要节点，全面考察监察院分区监察制度设计和运作的得失，进而总结历史的经验和教训，不仅有助于更加全面地认识近代中国社会转型时期国家治理现代化的进展情况，亦可对当今中国国家治理体系的完善有所助益。④本着以史为鉴的原则，尝试挖掘利用中国近代廉政文化资源，推进当前我国的廉政文化建设。当然，由于本人能力和水平所限，本书也存在一些不足之处，如资料的收集尚不够充分，对史料的驾驭能力还有待提高，对一些重要问题的分析还不够深入等。这些不足和缺憾，应当在今后的研究中加以改进和完善。

目　录

第一章
监察院分区监察制度的沿革

一、历史传统：中国古代的地方监察体制

1935 年 4 月 29 日，监察院院长于右任在国民政府的“总理纪念周”上作了题为“监察使之设置与国家政治之推进”的演讲，他指出：“监察使之设置的意义，从中国监察制度的历史言，监察制度，本是内外并重的。”[①] 监察院在 1938 年 7 月编印的《监察院施政概要》中也指出：“中国自有监察制度以来，其特点即在一面使监察权力统一集中，一面使监察权力内外兼顾。分科分道，监郡出巡，即为内外并重之前例。”[②]监察院监察制度编纂处所编的《监察制度史要》一书在述及监察使署的设置缘由时亦曾指出：“监察机关之责在鉴临万方，然倘于中央政府所在地设立一最高监察机关，综理全国之监察事务，组织虽臻至善，亦有耳目未周之感，故我国古有分巡之制，欧美地方议会有弹劾地方官吏之权，我国监察权既已独立，则遍设监察机关于地方，亦为必要。”[③]可以说，中国古代的地方监察体制和廉政文化传统，对监察院分区监察制度的形成和发展产生了深远的影响。

中国古代的地方监察制度产生于秦代，秦始皇统一全国后，“分天下以

① 于右任：《监察使之设置与国家政治之推进》，《上海党声》，1935 年第 1 卷第 18 期，第 346 页。

② 监察院编印：《监察院施政概要》，1938 年 7 月，第 1 页。

③ 监察院监察制度编纂处编：《监察制度史要》，南京：汉文正楷印书局，1935 年，第 185 页。

为三十六郡，郡置守、尉、监”，“秦郡守掌治其郡，有丞；尉掌佐守典武职甲卒；监御史掌监郡”。[①]监御史最初由皇帝派往各郡进行巡察，后来逐渐演变为监察官员，有了固定的官署和属员，执掌地方监察事务。于右任在“监察使之设置与国家政治之推进”的演讲中就曾谈到：“秦时已以御史监理诸郡，谓之监察史[②]，但此系以监察官，兼替行政官，与清代政官兼充监官者不同，与现在之监察使更不同；但此已是监察权及于地方之萌芽。”[③]于右任虽然强调监察院设置的监察使与秦代监御史的区别，但他的上述言论已经清楚地表明，“监察使”这一名称正是来源于秦代的“监御史”。

汉承秦制，在西汉初年，各郡设监察御史执掌地方监察事务。元封五年（公元前 106 年），汉武帝“初置刺史部十三州”，[④]每州辖若干个郡。全国被划分为十三个监察区，刺史代表中央执掌一区（州）的监察事务，无固定官署，也没有属员，平时在监察区内各郡国巡视，年初到京城面见皇帝奏事。到了东汉，“刺史总统诸郡，赋政于外，非若曩时司察之而已”。[⑤]在东汉末年，各州刺史已经掌握了本州的军政大权，成为郡县之上更高一级的地方长官，监察事务已经不再是刺史的主要职权。

到了唐代，在中央政府最高监察机构御史台之内设有监察御史 10 人，“掌分察巡按郡县”。[⑥]此外，唐代在地方上还实行分道监察制度，唐太宗即位后，根据山川形势，将全国划分为十道监察区。神龙二年（706 年），唐中宗下诏“选左、右台及内外五品以上官二十人为十道巡察使，委之察吏抚人，荐贤直狱，二年一代，考其功罪而进退之”。[⑦]开元二十一年（公元 733 年），唐玄宗“分天下为十五道，每道置采访使，检察非法，如汉刺史之职”。[⑧]采访使常驻各地，负责考课官吏政绩，每隔三年都要将考察结果上奏皇帝。至此，唐代确立了道一级的地方监察体制，这种由中央派遣使臣常驻地方、分道监察的制度，在形式上与监察院分区监察制度非常相似，充分体现了二者的传承关系。

宋代在地方上建立了路——府、州、军、监两级监察体制。宋代的“路”承袭了唐代的“道”，但路一级的监察机构呈现出固定化、多元化的特征。

---

① 《史记》卷 6《秦始皇本纪第六》，北京：中华书局，1982 年，第 239、240 页。

② 笔者注：应为监御史。

③ 于右任：《监察使之设置与国家政治之推进》，《上海党声》，1935 年第 1 卷第 18 期，第 346 页。

④ 《汉书》卷 6《武帝纪第六》，北京：中华书局，1962 年，第 197 页。

⑤ 《三国志》卷 15《魏书十五》，北京：中华书局，1982 年，第 487 页。

⑥ 《旧唐书》卷 44《职官三》，北京：中华书局，1975 年，第 1863 页。

⑦ 《资治通鉴》卷 208《唐纪二十四》，北京：中华书局，1956 年，第 6598 页。

⑧ 《旧唐书》卷 38《地理一》，北京：中华书局，1975 年，第 1385 页。

在一“路”之内，转运司、提点刑狱司、提举常平司皆有监察辖区的州县官吏之责，统称为“监司”。在路之下，设有通判监察和制约各府、州、军、监的长官。监司和通判均由中央政府统一委派，各监司之间互不隶属，直接对皇帝负责。到了宋神宗时期，又在御史台内设立了六察司，“令御史分案诸路监司”，[①]此外，各路监司还负责监察辖区内各州的通判。至此，宋代确立了从中央到地方严密的垂直监察体系。

明清时期是中国古代地方监察制度高度发展的阶段。明代地方监察制的主体是各省的提刑按察使司。按察使司的长官是按察使，“掌一省刑名按劾之事。纠官邪，戢奸暴，平狱讼，雪冤抑，以振扬风纪，而澄清其吏治”。[②]全国共设有十三个提刑按察使司，按察使司下又分为若干道，由按察使的属官按察司副使、佥事等分道巡察。在中央最高监察机构都察院之内，设有十三道监察御史，永乐元年（1403 年），明成祖下诏“遣御史分巡天下，为定制”。[③]巡按御史“代天子巡狩，所按藩服大臣、府州县官诸考察，举劾尤专，大事奏裁，小事立断……凡政事得失，军民利病，皆得直言无避”。[④]到了明朝中期，又在地方上设置了兼任都察院职衔的总督和巡抚，以中央政府监察官员的身份监督地方官吏和军政事务。

清代因袭明代之制，在各省设立了提刑按察使司作为省一级的专职监察机构，并在省与各府、州、厅设置了道一级的监察系统。道分为守道和巡道两类，守道是布政使司的下属机构，巡道则是按察使司的下属机构，道的长官为道员，负责监察辖区内各府、州、县的官吏。从乾隆年间开始，道员也负责监督布政使和按察使，并有权直接向皇帝密折上奏。自此以后，道成为省与府、州、县承上启下、举足轻重的地方监察机构。而清代的总督和巡抚作为封疆大吏，仍然兼带都察院的右都御史、右副都御史、右佥都御史等职衔，以示有监察地方官吏之权。清代前期，在都察院内按照地域划分设置了十五道掌印监察御史[⑤]。监察御史“掌弹举官邪，敷陈治道，各核本省刑名”。[⑥]

明清时期的地方监察制度集我国古代地方监察制度之大成，对监察院分区监察制度的影响最大，也最为直接。监察院院长于右任曾经指出：“明

---

① 《宋史》卷 16《神宗三》，北京：中华书局，1977 年，第 302 页。

② 《明史》卷 75《职官四》，北京：中华书局，1974 年，第 1840 页。

③ 《明史》卷 6《成祖二》，北京：中华书局，1974 年，第 79 页。

④ 《明史》卷 73《职官二》，北京：中华书局，1974 年，第 1768-1769 页。

⑤ 即京畿、河南、江南、浙江、山西、山东、陕西、湖广、江西、福建、四川、广东、广西、云南、贵州十五道监察御史，光绪三十二年（1906 年）始改为二十二道。

⑥ 赵尔巽：《清史稿》卷 115《职官二》，北京：中华书局，1977 年，第 3302 页。

代各省皆设巡按，是由御史出任的，职权非常隆重，至今民间尚能传说其时之人物风裁，这也可见监察权行使之内外并重。”[①]《监察制度史要》一书即明确记载：“监察院为便于行使巡回监察职权起见，于二十年三月依组织法第六条第三项之规定，制定监察使巡回监察规程；并仿照前清都察院十五道监察御史之制，参酌国内现情，定全国为十四监察区。”[②]

纵观中国古代地方监察制度两千多年来的发展历程，可以发现一些具有普遍规律性的现象和特征：①实行“垂直监察”体制，地方监察机构实际上是中央政府监察权力的延伸，监察官员在地方上充当皇帝的耳目，以强化中央对各级地方政权的控制。②历代王朝的地方监察官员同时掌握着一定的行政权力，或者以行政官员兼掌监察事务，原来设置的专职监察官员往往会逐渐演变为地方行政长官，从而导致了地方行政体制的变革。③在地方监察系统内部始终存在巡回监察和常驻监察两大体系，二者并重，相辅而行。到了后期，巡回监察体制向常驻监察体制转化的趋势日益明显。

二、理论渊源：孙中山五权宪法学说中的监察权思想

南京国民政府的当政者一直以孙中山思想和事业的继承人自居，监察院院长于右任曾经说过：“今当各监察使者，奉国民政府之命，分巡各区之始，也就是总理所指示五权制度中之监察权，创行及于地方之始。”[③]可见，监察院分区监察制度的理论渊源是孙中山五权宪法学说中的监察权思想。

监察权独立于行政、立法、司法三权之外是孙中山五权宪法学说的特色。早在1905年同盟会成立之前，孙中山就已经提出了“五权宪法”的概念，后来，在长期的革命生涯中，孙中山通过深入的理论研究和广泛的实践探索，进一步发展和完善了五权宪法学说。曾经担任国民政府司法院院长的王宠惠认为，五权宪法学说的具体内容，主要包含在孙中山晚年的三次演讲中：一是1921年7月在中国国民党特设办事处的演讲；二是1921年3月在广东省教育会，题为“五权宪法”的演讲；三是1924年在广东高等师范学校所作的“三民主义”系列演讲。[④]在孙中山的其他著述中，“对

---

① 于右任：《监察使之设置与国家政治之推进》，《上海党声》，1935年第1卷第18期，第346页。

② 监察院监察制度编纂处编：《监察制度史要》，南京：汉文正楷印书局，1935年，第148-149页。

③ 于右任：《监察使之设置与国家政治之推进》，《上海党声》，1935年第1卷第18期，第347页。

④ 有学者考证，前两篇演讲的内容及所讲顺序大致相同，仅个别语句略有差异，实为同题异文，详见《孙中山全集》第5卷，北京：中华书局，1985年，第486页。

于五权宪法，虽多所发挥，但除建国大纲所载者外，其内容大概不出上述三种文献之范围。”[①]

（一）中西合璧的监察思想

1921 年 3 月，孙中山在题为“五权宪法”的演讲中指出：“说到弹劾权，在中国君主时代，有专管弹劾的官，像唐朝谏议大夫和清朝御史之类，就是遇到了君主有过，也可冒死直谏。这种御史都是梗直得很，风骨凛然……可见从前设御史台谏的官，原来是一种很好的制度。”孙中山还谈到：“从前美国有一位学者叫做巴直氏，他是很有名望的，著过了一本书，叫做《自由与政府》，说明中国的弹劾权，是自由与政府中间的一种最良善的调和方法。”因此，“中国从前的考试权和弹劾权都是很好的制度，宪法里头是决不可少的”。[②]

孙中山认为，在中国的君主专制时代，皇帝对于监察权并没有完全垄断，因此，中国古代的监察机构对皇权起到了一定的制约作用。而近代西方民主国家普遍实行行政、立法、司法三权分立的政治制度，由议会同时掌握着立法权和监察权，“因此生出无数弊病”。首先，议会“往往擅用此权，挟制行政机关，使他不得不頫首总命，因此常常成为议院专制”。[③]其次，议会的主要职权是立法权，对于监察权的行使，往往难以兼顾，因而无法对行政机关进行有效的监督。孙中山还曾提及美国学者喜斯罗的著作《自由》，该书主张将“弹劾权”从国会中分离出来独立设置，再加上行政、立法、司法三权，实行四权分立制度，对此，孙中山认为：“他的这个用意，虽然不能说是十分完善，但是他能够著这本书，发表他的意见，便可见在美国里头，已经是有人先觉悟了。”[④]

1924 年 4 月，孙中山在“三民主义”系列演讲的民权主义第六讲中提出，“我们现在要集合中外的精华，防止一切的流弊，便要采用外国的行政权、立法权、司法权，加入中国的考试权和监察权，连成一个很好的完璧，造成一个五权分立的政府”。[⑤]而民众则应当享有选举权、罢免权、创制权、复决权四项民权，“用人民的四个政权来管理政府的五个治权，那才算是一个完

---

① 王宠惠：《五权宪法之理论与实施》，见《革命先烈先进阐扬国父思想论文集》第 1 册，台北：“中华民国”各界纪念国父百年诞辰筹备委员会，1965 年，第 674 页。

② 《孙中山全集》第 5 卷，北京：中华书局，1985 年，第 507 页。

③ 《孙中山全集》第 1 卷，北京：中华书局，1981 年，第 331 页。

④ 《孙中山全集》第 5 卷，北京：中华书局，1985 年，第 500 页。

⑤ 《孙中山全集》第 9 卷，北京：中华书局，1986 年，第 353-354 页。

全的民权政治机关。”[①]至此，孙中山创立的五权分立、权能分开学说已经发展成熟，监察权独立的主张在五权宪法的理论体系中占有十分重要的地位。

孙中山的监察思想，可以说是兼采中西之长。孙中山一向十分推崇中国传统的廉政文化，1910 年初，他在美国旧金山与《大同日报》的主笔刘成禺谈话时曾提到：“自唐虞赓歌飏拜以来，左史记言，右史记事，行人采风之官，百二十国宝书之藏，所以立纲纪、通民情也。自兹以降，汉重御史大夫之制，唐重分司御史之职，宋有御史中丞、殿中丞。明清两代御史，官品虽小而权重内外，上自君相，下及微职，儆惕惶恐，不敢犯法。御史自有特权，受廷杖、受谴责在所不计，何等风节，何等气概！……立法、司法、行政三权，为世界国家所有；监察、考试两权，为中国历史所独有。”[②]但是，孙中山并没有因此而忽视中国古代监察制度的根本性缺陷，他曾指出，“中国从古以来，本有御史台主持风宪，然亦不过君主的奴仆，没有中用的道理”。[③]孙中山清醒地认识到，中国古代的监察权从本质上是依附于皇权的，监察机构只不过是皇帝的耳目，因此，他所主张的监察权独立，是指从近代西方民主国家的立法机关中分离出监察职能。五权宪法学说中的监察权思想，应当属于近代权力监督理论的范畴，与中国君主专制时代“以官制官”的逻辑有着本质的区别。

（二）行政监察体制的设计

孙中山主张，监察机关应当“专管监督弹劾的事”，“这机关是无论何国皆必有的，其理为人所易晓。但是中华民国宪法，这机关定要独立。……况且照正理上说，裁判人民的机关已经独立，裁判官吏的机关却仍在别的机关之下，这也是论理上说不去的，故此这机关也要独立”。[④]可见，孙中山认为监察机关应该独立设置，并拥有行政监督权、弹劾权及行政裁判权等职权。[⑤]《监察制度史要》一书亦有如下记载：“五权宪法之监察权，渊源于中国御

① 《孙中山全集》第 9 卷，北京：中华书局，1986 年，第 352 页。

② 《孙中山全集》第 1 卷，北京：中华书局，1981 年，第 444-445 页。

③ 《孙中山全集》第 1 卷，北京：中华书局，1981 年，第 331 页。

④ 《孙中山全集》第 1 卷，北京：中华书局，1981 年，第 331 页。

⑤ 孙中山也曾说过：“监察权就是弹劾权”（《孙中山全集》第 9 卷，北京：中华书局，1986 年，第 353 页）。台湾学者常泽民在《中国现代监察制度》（台北：台湾商务印书馆，1979 年）一书中指出，“这可能是为便于了解，并使一般人民易于接受，乃如此云之，并不是说监察权与弹劾权二者之内涵相同。若谓监察权就是弹劾权，监察之意义似嫌太狭。监察，系国家执行作用之监督；弹劾则为监督执行上的制裁手段之一。理论上监察之概念，虽包含弹劾在内，但比弹劾有更广泛之内容”。笔者也认同常泽民先生的观点。

史制度，及外国立法部之监督权，固赋有各种监督政府与审判行政之权。”①

1906 年 11 月，孙中山在日本东京与俄国社会革命党领导人该鲁学尼等的谈话中提到：“至于纠察制度，是除了要监督议会外，还要专门监督国家政治，以纠正其所犯错误，并解决今天共和政治的不足处。”②可见，按照孙中山最初的设计，监察机关的监察对象应当包括民选的议会。1924 年 1 月，孙中山向国民党“一大”会议提交了《建国大纲》，其中规定，“在宪政开始时期，中央政府当完成设立五院，以试行五权之治。其序列如下：曰行政院；曰立法院；曰司法院；曰考试院；曰监察院……宪法未颁布以前，各院长皆归总统任免而督率之……宪法颁布之后，中央统治权则归于国民大会行使之，即国民大会对于中央政府官员有选举权，有罢免权；对于中央法律有创制权，有复决权”。③此时，孙中山提出要建立“万能政府”，主张把五项治权“完全交到政府的机关之内，要政府有很大的力量治理全国事务”。④因此，从广义上来说，中央政府的五院都是国家行政机关，监察院⑤是在中央政府内部设立的行政监察机关，其监察对象是行政院、立法院⑥、司法院和考试院。

孙中山创立了五权宪法的学说，并提出了监察权独立的主张，但对于监察机关的组织与权限，“以及和其他各权间的衡制关系，仅抒梗概，未能指示具体的办法，订定详细的条文”。⑦尤为重要的是，孙中山在其著述中只提出了在中央政府设立监察院的构想，并未论及地方层级监察机构的设置，给后人留下了制度设计的空间。⑧正如王宠惠所说：“国父既确立五权

---

① 监察院监察制度编纂处编：《监察制度史要》，南京：汉文正楷印书局，1935 年，第 155 页。

② 《孙中山全集》第 1 卷，北京：中华书局，1981 年，第 320 页。

③ 《孙中山全集》第 9 卷，北京：中华书局，1986 年，第 128-129 页。

④ 《孙中山全集》第 9 卷，北京：中华书局，1986 年，第 347 页。

⑤ 孙中山最早提出“监察院”的名称，是在 1910 年与刘成禺的谈话中：“如我中国，本历史习惯弹劾鼎立为五权之监察院，代表人民国家之正气，此数千年制度可为世界进化之先觉。”《孙中山全集》第 1 卷，北京：中华书局，1981 年，第 445 页。

⑥ 孙中山原本主张“宪行制定之后，由各县人民投票选举总统以组织行政院，选举代议士以组织立法院。”（《孙中山全集》第 6 卷，北京：中华书局，1985 年，第 205 页）1923 年发生了曹锟贿选总统事件，引起了全国民众的极大愤慨，孙中山也认为：“中国要跟上外国实行民权，所以也有代议政体。但是欧美代议政体的好处，中国一点都没有学到；所学的坏处却是百十倍，弄到国会议员变成猪仔议员，污秽腐败，是世界各国自古以来所没有的。”（《孙中山全集》第 9 卷，北京：中华书局，1986 年，第 319 页）因此，孙中山最终将立法院设计成一个纯粹技术性的立法机构，其性质完全不同于近代西方民主国家的议会。

⑦ 胡汉业：《健全监察制度》，《时代周刊（重庆）》，1946 年第 14 期，第 6 页。

⑧ 笔者在孙中山的论著中没有检索到有关设置地方监察机构的表述。此外，王宠惠亦曾指出，“关于五权之创制，应划为两大问题：一属于基本方案之确立，一为具体方案之拟订。前者为原则，后者为施行。遗教中仅阐明原则，至于如何施行，则无一语及之”。王宠惠：《五权宪法之理论与实施》，见《革命先烈先进阐扬国父思想论文集》第 1 册，台北：“中华民国”各界纪念国父百年诞辰筹备委员会，1965 年，第 674 页。

宪法之理论，以为改革中国政制之张本，则实施设计，后死者之责，无可诿卸者也。”①

三、法律依据：南京国民政府的监察立法

南京国民政府一直较为重视行政监察领域的立法工作，监察院先后制定了一系列监察法规，使分区监察制度从开始酝酿到付诸实施的每一步都有法可依。中国古代的地方监察制度始终依附于皇帝个人的专制权力，而监察院分区监察制度则建立在法治基础之上。

（一）监察院组织法

国民党取得全国政权以后，开始实施“训政”，在训政时期，南京国民政府实行行政、立法、司法、考试、监察五权分立的政治体制。1928年10月3日，国民党“中央常务委员会”通过了《训政纲领》，其中规定：“治权之行政、立法、司法、考试、监察五项，付托于国民政府总揽而执行之，以立宪政时期民选政府之基础。”②在随后公布的《中华民国国民政府组织法》中规定：“国民政府以行政院、立法院、司法院、考试院、监察院，五院组织之”，还规定，“监察院为国民政府最高监察机关，依法律行使左列职权：（一）弹劾；（二）审计”。③1928年10月12日，国民党中央政治会议又通过了《监察院组织法》，其中规定：“监察院得提请国民政府简派监察使，分赴各监察区，行使弹劾职权，监察使得由监察委员兼任，监察区由监察院定之。”④可以说，这项规定是监察院分区监察制度最早的法律依据。

《监察院组织法》曾多次修订。在1932年6月24日国民政府修正公布的《监察院组织法》中，将“简派监察使，分赴各监察区”的条文改为“特派监察使，分赴各监察区巡回监察”。⑤监察院分区监察制度开始实施以后，国民政府于1936年4月19日再次修订了《监察院组织法》，增加了

① 王宠惠：《五权宪法之理论与实施》，见《革命先烈先进阐扬国父思想论文集》第1册，台北：“中华民国”各界纪念国父百年诞辰筹备委员会，1965年，第674页。

②《训政纲领全文》，《申报》，1928年10月4日，第6版。

③《国民政府组织法全文》，《申报》，1928年10月4日，第6版。

④《监察院组织法》，《申报》，1928年10月13日，第4版。

⑤《监察院组织法》，《监察院公报》，1933年第19期，第2页。

以下条文："监察院于必要时，得于监察区内设监察使署，其组织条例另行定之；监察使任期二年，但在任期内得由监察院调往他区巡回监察；监察区及监察使巡回监察规程由监察院定之。"①此后，在训政时期内，国民政府未再对上述条文进行改动。到了"行宪"以后，国民政府于1948年5月1日公布了重新制定的《监察院组织法》，以监察委员行署取代了原来的监察使署，其具体规定是："监察院视事实之需要，得将全国分区设监察院监察委员行署，其组织另以法律定之。"②

《监察院组织法》作为中央政府行政组织法的一部分，在南京国民政府行政法律体系中的重要性自不待言。可以说，《监察院组织法》中的有关条文奠定了监察院分区监察制度的法律地位。

（二）其他监察法规

除了《监察院组织法》以外，其他与监察院分区监察制度相关的法律法规可参见表1-1。此外，各监察使署还分别制定了本署的《办事细则》《职员服务规程》《调查工作大纲》《专门调查工作实施纲要》《非常时期调查员视察工作纲要》《处理公文程序》《管理档案办法》等诸多工作规程，以保证其机构日常运转的规范化。前述各项监察法规以《监察院组织法》为中心，逐步形成了一个结构完整、布局合理、逻辑严密、搭配得当的法律体系，为监察院分区监察制度的顺利实施提供了有力的法律保障。③

表1-1 与监察院分区监察制度相关的法律法规统计表

法规名称	颁布时间
弹劾法	1929年5月29日
监察委员保障法	1929年9月3日
监试法	1930年11月25日
监察院调查证及其使用规则	1931年4月6日
监察院收受人民书状办法	1933年6月27日
监察院调查规则	1934年1月12日
监察使巡回监察规程	1934年2月21日
监察院监察区分区计划	1934年7月19日

---

①《监察院组织法》，《监察院公报》，1936年第77期，第1-2页。

②《监察院组织法》，《总统府公报》第1号，1948年5月20日，第8版。

③ 相关监察法规的具体内容将在本书的第二章中分别予以介绍。

续表

法规名称	颁布时间
监察使署组织条例	1936 年 4 月 14 日
监察使署办事规则	1936 年 8 月 1 日
非常时期监察权行使暂行办法	1937 年 12 月 17 日
非常时期监察权行使暂行办法施行细则	1938 年 2 月 3 日
非常时期监察院视察调查工作纲要	1938 年 2 月 9 日
监察院第二期战时监察工作实施纲要	1939 年 6 月 16 日
各监察区监察使署视察调查报告编造办法	1941 年 10 月 1 日
监察院新疆监察区监察使署组织条例	1943 年 7 月 12 日
监察法	1948 年 7 月 17 日
监察院及监察委员收受人民书状办法	1948 年 7 月 20 日
监察委员分区巡回监察规程	1948 年 7 月 21 日
监察院监察委员行署组织条例	1948 年 7 月 28 日

资料来源：根据《国民政府公报》《总统府公报》《监察院公报》《立法院公报》《司法院公报》等所载的有关内容综合而成

四、顶层设计：传承与创新

孙中山晚年曾极力提倡恢复中国“固有的”道德、知识和能力，南京国民政府又一向以孙中山思想和事业的继承者自居，因而在其官方文献中，一直对中国传统的廉政文化备受推崇，并多次强调监察院分区监察制度与我国传统监察制度的渊源关系。[①]但是，中国古代的地方监察制度作为君主专制制度的组成部分存在严重的缺陷，不能适应现代国家治理的要求。

（1）中国古代的地方监察制度从属于君主专制制度，监察权依附于皇权。监察制度作为整个国家政治制度体系的有机组成部分，从属于政治制度并受其制约。中国古代的地方监察制度随着专制主义中央集权的不断强化而逐渐发展，监察官员在地方上充当皇帝的耳目，不是为了伸张民权，而是为了维护皇权。监察机关行使职权受到皇帝的直接控制，纠弹讽谏等监察活动能否奏效主要取决于皇帝的个人意志。有学者指出，“历代的君主，

① 例如，《监察制度史要》一书就声称：“监察制度，实为我国特有之政治制度，东西学者，推崇奖誉，颇不乏人。甚且有谓为中国历行数千年君主专制政体而不侵及人民自由者，端赖此种制度为之缓冲。考此种言论，实有所据。”（监察院监察制度编纂处：《监察制度史要》，南京：汉文正楷印书局，1935 年，第 169 页）。

大多数嫌恶言官，对于谏官或缺出而不除人，或并谏官而不设，或勉强在名义上设几个谏官，在事实上却不愿他们尽职”。御史虽然有权上书言事，“但是如果直言君主自身的阙失，总是无效的多，有效的少”，因此，历代王朝的监察机构“实际上都变成察官之官”。[①]在君主专制时代，“国家和政府将统治集团的私利凌驾于所有社会经济主体的利益之上，其行为的核心目的更多的是维持其统治”，这种“前治理国家”不是以社会为发展取向，而是以统治者的利益为发展取向。[②]因此，中国古代地方监察制度的上述弊端始终无法克服。

（2）中国历代王朝一直未能建立起健全、稳定的地方监察机构体系。历代专制君主为了防止军权旁落和地方坐大，不断扩大地方监察机构的职权，监察官员往往可以直接干预地方军政事务，并逐渐演变为地方行政长官，从而导致地方行政体制的变革。到了清代前期，中国古代的地方监察体制已经趋于成熟，总督、巡抚、按察使、道员、监察御史等都有监察地方官吏之权，但在地方上没有专司监察事务的机构，原本为履行监察职责而设立的总督和道员实际上成了地方上新一级的行政长官。现代意义上的行政监督是以分权制衡原则为理论基础的，而在中国古代的地方监察体制下，监察职权与行政职权相互混淆，监察机构因侵夺行政权力而失去自身监察职能的历史现象层出不穷，因此，传统的监察体制显然不能适应现代国家治理的要求。

（3）以“人治”为基础的监察体制难以真正发挥整饬吏治、遏制腐败的作用。中国古代的专制君主一直较为重视监察法规的制定，自秦朝开始，历代王朝的监察法规就朝着专门化、法典化的方向发展，到了清代前期，又编纂了一部较为完备的监察法典——《钦定台规》。但是，“既定的《钦定台规》无力抵制一旨圣谕，作为皇帝耳目之司的监察官，只能听从主宰耳目者的支配……因此，监察官所能发挥的作用是有限的，监察法所确定的国家之间的权力制衡关系也是不稳定的”。[③]在地方上，各级监察机构更是面临“无法可依”的困境，监察活动的效果除了受制于皇帝的个人意志外，还受到监察官员个人操守的影响。因此，这种以“人治”为基础的监察体制具有极大的不确定性和不稳定性，历代中央朝廷始终未能解决地方官吏的腐败问题，往往各级地方政权的全面腐化最终导致了王朝的崩溃。

---

① 高一涵：《中国御史制度的沿革》，上海：商务印书馆，1934年，第74-75页。

② 景维民、张慧君、黄秋菊，等：《经济转型深化中的国家治理模式重构》，北京：经济管理出版社，2013年，第94-95页。

③ 张晋藩：《中国监察法制史稿》，北京：商务印书馆，2007年，第17页。

辛亥革命以后，随着清王朝的覆灭和共和政体的建立，传统的监察制度也走向终结。20 世纪二三十年代，“中国由四千余年之专制政体易为民主共和，旧染未除，积习尚深，官场之腐败，贪墨之充斥，已为世人所公认”。[①]南京国民政府成立以后，需要建立适应现代国家治理要求的行政监察体制。南京国民政府的当政者根据孙中山提出的五权宪法理论，设立了国家最高监察机关——监察院，但是，如何在地方上合理设置行政监察机构，在当时却并无成例可循。[②]因此，监察院的主事者在进行地方行政监察体制的顶层设计时，采取了“兼容并包”的方式，结合我国的传统廉政文化和西方的政治监督理论，创立了监察院分区监察制度。

（1）借鉴西方经验，步入现代化发展轨道。

监察院下属的“监察制度编纂处”主任李宗黄认为，“五权宪法之精义，即在职权划清”，对于监察权，孙中山“最注重独立”。[③]孙中山基于近代西方的分权制衡理论，提出了监察权独立的主张，监察院设计的地方行政监察体制也遵循了监察权独立的原则——在当时的地方政权体系之外，分区设立监察使署。在地方层级独立设置行政监察机构，不仅是中国行政监察领域现代化迈出的重要的一步，在世界范围内亦尚属首次。监察使署行使职权的内容、范围和限度，均通过立法加以规范，再无侵夺行政职权之虞，各级地方政府和司法机关也不能利用行政权力干预监察工作。与我国传统的御史分巡制度相比，监察院分区监察制度有着明显的优越性和进步性，可以说，南京国民政府的行政监察工作已经走上了具有现代意义的法制化和规范化发展轨道。

（2）继承历史传统，在传承中实现制度创新。

首先，监察使署作为国家最高监察机关的派出机构，既能够常驻各地开展工作，又可以超然于地方政权体系之外，这种“垂直管理”的模式充分吸收了我国古代地方监察体制的优点，使中央政府的行政监察权力得以向下延伸。其次，监察使分赴各区，巡回监察，继承了我国古代御史分巡体制的传统，而监察使署有法定的人员编制、内设机构和相对固定的驻地，又增强了制度体系的稳定性和可操作性。最后，监察院在划分监察区域时，借鉴明清时期的总督制度，采取了“提级管理”的方式，以一个监察使署管辖 2~3 个省份为原则，力图排除因监察机构辖区与地方行政区域设置重合而造成的干扰因素，维护监察机关的公正性和权威性。

---

① 江毓麐：《如何树立完整之监察机构》，《远东杂志》，1937 年第 2 卷第 5 期，第 45 页。

② 中国古代地方监察制度的弊端已如前述，不能因袭沿用，而当时的欧美各国均未在地方层级设置行政监察机构，孙中山在生前也从未论及地方监察机构的设置问题。

③ 李宗黄：《总理遗教中之监察制度》，《中央党务月刊》，1935 年第 87 期，第 935 页。

孙中山曾经指出：“中国几千年以来社会上的民情风土习惯，和欧美的大不相同。中国的社会既然是和欧美的不同，所以管理社会的政治自然也是和欧美不同，不能完全仿效欧美，照样去做，象仿效欧美的机器一样……我们能够照自己的社会情形，迎合世界潮流做去，社会才可以改良，国家才可以进步。”[①]从顶层设计来看，监察院分区监察制度继承并发展了孙中山五权宪法学说中的监察权思想，兼采中西之长，“既合现代潮流，且适中国国情”，[②]可以说是后发现代化国家在国家治理体系建设方面的一个成功案例。

---

① 《孙中山全集》第 9 卷，北京：中华书局，1986 年，第 320 页。

② 李宗黄：《总理遗教中之监察制度》，《中央党务月刊》，1935 年第 87 期，第 932-933 页。

第二章
监察区的划分和监察使署的设置

一、监察区的划分

（一）初创时期：1931~1937年

如前所述，虽然早在1928年颁布的《监察院组织法》中就有了派遣监察使，分赴各监察区行使职权的规定，但作为国民政府最高监察机关的监察院迟迟未能成立，监察区的划分和监察使署的设置也就无从谈起。直到1931年2月2日，于右任就任监察院院长，监察院才正式成立。

监察院成立以后，认为“现在监察权独立，职责尤为重大，兹参酌国内情形，视交通之便否，事务之繁简，拟定全国为十四监察区……”。[①]1931年3月，于右任主持制订了《监察院监察区分区计划》，1933年2月22日，根据于右任的提请，该计划获国民党中央政治会议通过，并于当年4月呈报国民政府备案（表2-1）。[②]

---

① 《监察院监察区分区计划》，《监察院公报》，1931年第1期，第22-23页。

② 《中政会决议划全国为十四监察区 特派周震麟刘守中为监察使》，《申报》，1933年2月23日，第7版。

表 2-1　监察院监察区分区计划表（1931 年 3 月）

序列	第一区	第二区	第三区	第四区	第五区	第六区	第七区
管辖区域	江苏 安徽 江西	福建 浙江	湖南 湖北	广东广西	河北 河南 山东	山西陕西	辽宁 吉林 黑龙江
序列	第八区	第九区	第十区	第十一区	第十二区	第十三区	第十四区
管辖区域	云南 贵州	四川	热河 察哈尔 绥远	甘肃 宁夏 青海	新疆	西康 西藏	蒙古

注：各特别市、特别区附属于原隶属之省份，不再单独列出

资料来源：《监察院监察区分区计划》，《监察院公报》，1931 年第 1 期，第 22-23 页

1934 年，监察院认为原来的监察区分区计划“衡以现状，似有变更必要”。当年 6 月 23 日，监察院第 29 次会议通过决议，将全国重新划分为 16 个监察区（表 2-2）。[①]随后，监察院将新的监察区分区计划呈报国民政府，7 月 19 日，国民政府指令准予备案。

表 2-2　监察院监察区分区计划表（1934 年 6 月）

序列	第一区	第二区	第三区	第四区	第五区	第六区	第七区	第八区
管辖区域	江苏	安徽 江西	福建 浙江	湖南 湖北	广东 广西	河北	河南 山东	山西 陕西
序列	第九区	第十区	第十一区	第十二区	第十三区	第十四区	第十五区	第十六区
管辖区域	辽宁 吉林 黑龙江	云南 贵州	四川	热河 察哈尔 绥远	甘肃 宁夏 青海	新疆	西康 西藏	蒙古

资料来源：《监察院监察区分区表》，《监察院公报》，1934 年第 23 期，第 384-385 页

1934 年 1 月 27 日，监察院第 28 次会议通过了《监察使巡回监察规程》，2 月 21 日，国民政府指令准予备案。其中规定：“监察使得于所派监察区内设置办公处。办公处人员临时酌定之。”[②]1935 年 5 月 2 日，监察院第 32 次会议对《监察使巡回监察规程》进行了修订，并于 5 月 22 日正式公布施行，其中明确规定：“监察使于所在监察区内设监察使署。”[③]

至此，监察院分区监察制度实施前的准备工作已经基本完成，监察院“因而体察情形，为监察使之设置。并以苏，皖，赣，湘，鄂五省，或密迩京畿，或在剿匪及善后区域；浙闽两省关系海防冲要；河北及鲁豫等省为北部政治要区；甘宁青方在开始建设；况为对于各该区官吏之廉察，尤

① 《本院二十三年四月份施政成绩》，《监察院公报》，1934 年第 23 期，第 384 页。

② 《监察使巡回监察规程》，《监察院公报》，1934 年第 23 期，第 2 页。

③ 《监察使巡回监察规程》，《监察院公报》，1935 年第 30 期，第 1 页。

须谨严”。[①]1935 年 4 月，监察院决定在江苏、皖赣、闽浙、湘鄂、河北、豫鲁、甘宁青 7 个监察区先行设立监察使署，并提请国民政府任命丁超五、苗培成、陈肇英、高一涵、周利生、方觉慧、戴愧生 7 人为监察使。当年 6 月，7 个监察区的监察使署相继成立，并开始办公。

1936 年，监察院认为贵州省刚刚经历过战乱[②]，“民生倍形凋敝”，而云南省地处偏远，“一切政治上之设施，殊不易于洞悉”，因此，云贵监察使署的设置已经“不容再缓”。[③]8 月 15 日，监察院提请国民政府任命任可澄为云贵监察使，云贵监察使署随后成立。至此，监察院在全面抗战前两年共设立了 8 个监察使署（表 2-3）。此外，还有 3 个监察使署设立了分支机构：皖赣监察使署在安庆设立了安徽办事处；豫鲁监察使署在开封设立了河南办事处；云贵监察使署在贵阳设立了贵州办事处。

表 2-3　全面抗战前监察院各监察区监察使署设置情况表

监察区	成立时间	办公地点
江苏监察使署	1935 年 6 月 10 日	江苏省镇江市
皖赣监察使署	1935 年 6 月 12 日	江西省南昌市
闽浙监察使署	1935 年 6 月 1 日	福建省福州市
两湖监察使署	1935 年 6 月 12 日	湖北省武昌市
河北监察使署	1935 年 6 月 11 日	北平市
豫鲁监察使署	1935 年 6 月 1 日	山东省济南市
甘宁青监察使署	1935 年 6 月 1 日	甘肃省兰州市
云贵监察使署	1936 年 9 月 16 日	云南省昆明市

资料来源：根据《监察院公报》所载的有关内容综合而成

（二）发展时期：1937~1948 年

1937 年 2 月，国民党五届三中全会召开，监察院在其向全会提交的工作报告中指出，除已设立监察使署的 8 个监察区外，“其他各区均付缺如，不但本院职权之行使，每感缺少普遍性，即中央与地方之情实，亦觉多所隔阂……至于其余应设未设各区监察使，在最近期间，仍当揆察情形，逐渐加以提派，俾监察权之行使，得以畅行无遗，而登政治于清明之域”。[④]全面抗战爆发以后，监察院首先增设了两广监察使署。此前，监察院派遣监

① 监察院监察制度编纂处编：《监察制度史要》，南京：汉文正楷印书局，1935 年，第 151-152 页。
② 系指 1934~1935 年红军长征经过贵州。
③ 监察院编印：《监察院工作报告》，1937 年 2 月，第 2 页。
④ 监察院编印：《监察院工作报告》，1937 年 2 月，第 2 页。

察委员刘侯武前往广东省视察，1939 年 10 月 7 日，国民政府正式任命刘侯武为两广监察使，10 月 11 日，两广监察使署在广东韶关成立。[①]1941 年 6 月 5 日，国民政府任命王陆一为晋陕监察使，当年 10 月，晋陕监察使署正式成立。1943 年 3 月 1 日，国防最高委员会决议设立新疆监察使署，随后，国民政府任命罗家伦为新疆监察使，王籍田为监察副使，当年 8 月，新疆监察使署正式成立。

1945 年抗战胜利，台湾光复，监察院决定将原闽浙监察区撤销，分别设立闽台监察区和浙江监察区，10 月 22 日，国民政府任命杨亮功为闽台监察使，蒋伯诚为浙江监察使[②]。1946 年，监察院又决定增设川康监察使署，监察区域为四川、西康两省，5 月 8 日，国民政府任命曾道为川康监察使。

抗战胜利后，国民政府将东北地区的辽宁、吉林、黑龙江三省重新划分为九个省，即辽宁省、安东省、辽北省、吉林省、松江省、合江省、黑龙江省、嫩江省、兴安省，另设有大连、沈阳、哈尔滨三个直属于行政院的院辖市。监察院根据新的行政区划，将东北地区划分为辽宁安东辽北、吉林松江合江、黑龙江嫩江兴安三个监察区。1947 年 10 月 13 日，国民政府任命谷凤翔为辽安监察使，并兼管吉林松江合江、黑龙江嫩江兴安两个监察区的业务，11 月 22 日，辽安监察使署正式成立。至此，监察院已将全国划分为 19 个监察区（表 2-4），并设立了 14 个监察使署（表 2-5）。

表 2-4　监察院监察区分区表（1947 年 10 月）

序列	第一区	第二区	第三区	第四区	第五区	第六区	第七区	第八区	第九区	第十区
管辖区域	江苏	安徽 江西	福建 台湾	浙江	湖南 湖北	广东 广西	河北	河南 山东	山西 陕西	辽宁 安东 辽北
序列	第十一区	第十二区	第十三区	第十四区	第十五区	第十六区	第十七区	第十八区	第十九区	
管辖区域	吉林 松江 合江	黑龙江 嫩江 兴安	云南 贵州	四川 西康	热河 察哈尔 绥远	甘肃 宁夏 青海	新疆	西藏	蒙古	

资料来源：《中华年鉴》上册，南京：中华年鉴社，1948 年，第 370 页

① 1940 年 1 月，两广监察使署迁往广西桂林办公，抗战胜利后又迁至广州办公。

② 浙江监察使署成立以后，蒋伯诚实际上并未到任，署内一切事务都由主任秘书代为主持。1946 年 11 月 8 日，朱宗良被任命为代理浙江监察使，并于 12 月 1 日到任视事。1947 年 10 月 14 日，国民政府正式任命朱宗良为浙江监察使。

表 2-5 1937~1948 年监察院各监察区监察使署设置情况表

监察区	成立时间	办公地点
两广监察使署	1939 年 10 月 11 日	广东省韶关市
晋陕监察使署	1941 年 10 月	陕西省西安市
新疆监察使署	1943 年 8 月	新疆省迪化市
闽台监察使署	1945 年 10 月 22 日	福建省福州市
浙江监察使署	1945 年 10 月 22 日	浙江省杭州市
川康监察使署	1946 年 5 月 8 日	四川省成都市
辽安监察使署	1947 年 11 月 22 日	沈阳市

资料来源：根据历年的《监察院工作报告》、《监察院施政概要》和《国民政府公报》所载的有关内容综合而成

（三）消亡时期：1948~1949 年

1947 年，立法院负责起草“行宪”以后的《监察院组织法》，原拟将各监察使署撤销，后经监察院的要求予以保留。1948 年 5 月 19 日，国民政府公布了新的《监察院组织法》，其中规定：“监察院视事实之需要，得将全国分区设监察院监察委员行署，其组织另以法律定之。”①监察院原定在全国设立 42 个监察委员行署，但以国民政府当时的财力“实不能负担监察院所设计之各行署及委员会之庞大组织”。②6 月 29 日，“行宪”后第 1 届监察院第 13 次会议通过了《监察院监察委员行署组织条例草案》，决定暂设 30 个监察委员行署。该草案经立法院审议修正，最终确定设置 16 个监察委员行署（表 2-6）。7 月 28 日，国民政府正式公布了《监察院监察委员行署组织条例》，其中规定，“监察委员行署，由监察委员三人主持之”，不再设置监察使。③

① 《监察院组织法》，《总统府公报》第 1 号，1948 年 5 月 20 日，第 8 版。

② 《监院通过行署组织 于院长说明国家财政困难 大会同意减少十二个行署》，《中央日报》，1948 年 6 月 30 日，第 2 版。

③ 《监察院监察委员行署组织条例》，《总统府公报》第 61 号，1948 年 7 月 29 日，第 1 版。

表 2-6 监察院监察区分区表（1948 年 7 月）

序列	第一区	第二区	第三区	第四区	第五区	第六区	第七区	第八区
名称	甘宁青区	豫鲁区	晋陕绥区	云贵区	两广区	两湖区	皖赣区	闽台区
管辖区域	甘肃 宁夏 青海	河南 山东	山西 陕西 绥远	云南 贵州	广东 广西	湖南 湖北	安徽 江西	福建 台湾
序列	第九区	第十区	第十一区	第十二区	第十三区	第十四区	第十五区	第十六区
名称	苏浙区	冀热察区	川康区	新疆区	辽宁安东 辽北区	吉林 松江 合江区	嫩江 黑龙江 兴安区	西藏区
管辖区域	江苏 浙江	河北 热河 察哈尔	四川 西康	新疆	辽宁 安东 辽北	吉林 松江 合江	嫩江 黑龙江 兴安	西藏

资料来源：《监察院监察委员行署组织条例》,《总统府公报》第 61 号，1948 年 7 月 29 日，第 1 版

1948 年 7 月 27 日，第 1 届监察院第 26 次会议决定，新疆、西藏两个监察区暂不设立监察委员行署，吉林松江合江、嫩江黑龙江兴安两个监察区的业务由辽宁安东辽北监察区暂时兼管，其余各监察区均设立监察委员行署。[①]7 月 29 日，监察院第 27 次会议选出了 12 个监察委员行署的 36 名委员。9 月 1 日，各监察区监察委员行署分别成立，并开始办公。10 月 5 日，监察院第 31 次会议决定增设新疆区监察委员行署，至此，"行宪"后的监察院在全国共设立了 13 个监察委员行署（表 2-7)。[②]11 月 2 日，辽沈战役结束，国民政府的军政力量退出了东北地区，12 月 2 日，监察院第 37 次会议决定，辽宁安东辽北区监察委员行署暂时停止办公。1949 年 6 月 11 日，撤往广州的国民党政府公布了经监察院修订后的《监察院监察委员行署组织条例》，其中规定增设"蒙古监察区"。[③]国民党政权退据台湾以后，各监察区监察委员行署的建制撤销。

---

① 监察院秘书处编印：《监察院工作报告》，1949 年 3 月，第 6 页。

② 《监院重视东北粮荒 决定查明真实情形 请当局速空运粮济长春 通过成立新疆监委行署》,《中央日报》，1948 年 10 月 6 日，第 2 版。

③ 抗战胜利后，国民政府与苏联政府签订了《中苏友好同盟条约》，条约中规定以公民投票来决定外蒙古地区的主权归属。1946 年 1 月 5 日，国民政府根据所谓的"公民投票"结果，宣布承认外蒙古独立。1949 年，国民政府内部有人认为苏联政府没有信守"不援助中共"的承诺。1949 年 5 月 20 日，退据广州的国民党政府立法院召开会议，有部分立法委员"提议咨请政府依联大宪章第十四条规定，向联合国大会控诉苏联违约背信事实"。(《修正监院现行监察法 立法院三读通过 控诉苏联提案决召开院会审查》,《申报》，1949 年 5 月 21 日，第 1 版）监察院修订《监察院监察委员行署组织条例》，增设所谓的"蒙古监察区"，正是在这样的背景下进行的。

表 2-7 1948 年监察院各监察区监察委员行署设置情况表

监察区	成立时间	办公地点
甘宁青区监察委员行署	1948 年 9 月 1 日	甘肃省兰州市
豫鲁区监察委员行署	1948 年 9 月 1 日	青岛市
晋陕绥区监察委员行署	1948 年 9 月 1 日	西安市
云贵区监察委员行署	1948 年 9 月 1 日	云南省昆明市
两广区监察委员行署	1948 年 9 月 1 日	广州市
两湖区监察委员行署	1948 年 9 月 1 日	湖北省武昌市
皖赣区监察委员行署	1948 年 9 月 1 日	江西省南昌市
闽台区监察委员行署	1948 年 9 月 1 日	福建省福州市
苏浙区监察委员行署	1948 年 9 月 1 日	上海市
冀热察区监察委员行署	1948 年 9 月 1 日	北平市
川康区监察委员行署	1948 年 9 月 1 日	四川省成都市
辽宁安东辽北区监察委员行署	1948 年 9 月 1 日	沈阳市
新疆区监察委员行署	1948 年 10 月	新疆省迪化市

资料来源：《本院暨各委员会及各区行署成立经过及其组织概况》，监察院秘书处编印：《监察院工作报告》，1949 年 3 月

二、监察使署的组织和人员

（一）机构设置

《监察使巡回监察规程》规定，监察使署设荐任职秘书 1~2 人，荐任职科长 2 人，委任职科员 2~4 人，委任职办事员 4~6 人，并可聘任参赞 1~2 人。[①]此外，监察院还制定了《监察使署办事通则》，规定监察使署设秘书处，“秘书承监察使之命，管理本署事务，指挥本署职员，监察使出巡时，指派秘书一人代行署内例行事务”。秘书处下设总务科和调查科，总务科负责机要文书的撰拟、收发、保管，以及出纳、计算、购置、营缮、警卫等事项；调查科负责编制调查表册、整理调查报告及统计调查成绩等事项。[②]

① 《监察使巡回监察规程》，《监察院公报》，1935 年第 30 期，第 1-2 页。

② 《监察使署办事通则》，《监察院公报》，1935 年第 30 期，第 2 页。

1936 年 4 月 14 日，监察院公布了《监察使署组织条例》，其中规定，“监察使承监察院之命，综理全署事务”。监察使署设荐任职秘书 2~3 人，负责办理机要文件及其他交办事项；设荐任职科长 2 人，委任职科员 3~5 人，委任职调查员 2~4 人，委任职助理员 5~8 人；由国民政府主计处设会计员 1 人，办理岁计、会计、统计事务。[①]除监察使外，监察使署的人员编制为 15~23 人。8 月 1 日，监察院又公布了《监察使署办事规则》，其中规定，监察使署设秘书处，由监察使指定秘书一人为主任。秘书处仍设总务科和调查科，其中总务科增加了“典守印信”的职责。此外，监察使署的辖区为两省以上的，可于必要时在适当地点设立办事处。[②]

抗战时期，监察院对《监察使署组织条例》进行了修订，并于 1942 年 2 月 7 日公布，其中规定：监察使署内设秘书室、总务科和调查科，秘书室负责机要文件的处理、文稿的审核与分配、书状的签拟、职员的考绩考勤，以及监察使交办的其他事项；总务科负责典守印信，文书的撰拟、收发、保管，本署刊物与规章的编纂，款项的出纳与保管，物品的购置、修缮、保管，以及其他庶务事项；调查科负责专案调查、地方行政与社会状况的调查、调查报告的整理、调查表册的编制，以及其他临时调查事项。监察使署设荐任职秘书 2~3 人，由监察使指定一人为主任秘书，负责办理日常事务；设荐任职科长 2 人，委任职科员 4~6 人，委任职调查员 4~6 人，委任职助理员 6~10 人；另设会计员 1 人，办理岁计、会计、统计事务，以上共计 19~28 人。[③]

根据此次修订的《监察使署组织条例》，监察使署的人员编制有所增加，各科室的职责明晰、分工合理，“一室两科”的机构设置后一直未再变更，并为“行宪”以后的监察委员行署所沿用。此后，监察院又对《监察使署组织条例》的部分条文进行了修订，并于 1943 年 12 月 31 日公布，其中规定，监察使署增设简任职秘书 1 人，荐任职调查员 2 人。[④]

1943 年 3 月 1 日，国防最高委员会决定设立新疆监察使署，“并以该区幅员辽阔、情形特殊，制定单行条例，增设监察副使一员，以资襄助”。[⑤]7 月 12 日，《监察院新疆监察区监察使署组织条例》公布实施，规定新疆监察使署“设监察使一人，特派，依监察院组织法及监察使署组织条例之规

---

① 《监察使署组织条例》，《监察院公报》，1936 年第 77 期，第 3-4 页。

② 《监察使署办事规则》，《监察院公报》，1936 年第 92 期，第 1 页。

③ 《监察使署组织条例》，《立法院公报》，1942 年第 118 期，第 29-30 页。

④ 《监察使署组织条例》第七条、第八条，《立法院公报》，1944 年第 130 期，第 57 页。

⑤ 《“抗战时期迁都重庆之监察院”行政史实稿》，见许增紘主编：《于右任在重庆》，北京：团结出版社，2001 年，第 234 页。

定行使弹劾权，并综理全署事务”，“设监察副使一人，简派，辅助监察使处理署务”。新疆监察使署下设秘书室、总务科和调查科，并可设立办事处，由监察副使主持，办事人员从本署职员中调派。除监察使、监察副使外，新疆监察使署设秘书2~3人，其中1人为简任职，其余为荐任职；设荐任职科长2人，荐任职视察员2~4人，委任职科员8~10人，委任职助理员10~16人；设会计员1人，办理岁计、会计、统计事务；此外，新疆监察使署还可以根据工作需要，聘用专门人员4~6人，以上共计29~42人。①

抗战胜利后，监察院再度对《监察使署组织条例》进行了修订，并于1946年6月20日公布。经过这次修订，监察使署的内设机构和职责分工没有变化，而人员编制有所增加：设秘书2~3人，其中1人为简任职，其余为荐任职；设荐任职科长2人，委任职科员4~6人，委任职助理员6~10人，调查员4~8人，其中2人为荐任职，其余为委任职；设会计员1人，统计员1人，佐理人员2~3人；此外，监察使署还可以根据工作需要，酌情聘用雇员6~10人，以上共计28~44人。②

“行宪”以后，监察委员行署的内设机构与监察使署相同，各科室的职能分工也基本未变，只有秘书室的职责增加了“关于会议记录事项”，总务科的职责增加了“关于员工福利事项”和“关于工警之管理训练事项”。监察委员行署设简任职主任秘书1人，荐任职秘书1人，荐任职科长2人，荐任职调查专员2~4人，委任职科员4~6人，委任职调查员2~4人，委任职助理员4~6人，另设会计员1人，统计员1人，人事管理员1人，助理员2~4人，并可酌情聘用雇员6~12人，共计27~43人。③

（二）人员构成

在全面抗战前两年，监察院共设立了8个监察使署。以两湖监察使署为例，截至1937年2月，除监察使高一涵外，全署共有职员24人，包括秘书主任1人，秘书1人，科长2人，科员2人，股主任5人，会计员1人，书记员6人，助理员6人（表2-8）。其中，30~50岁的职员占总人数的近80%（表2-9），这个年龄段的人员精力充沛，工作经验丰富，是监察使署的中坚力量。监察使署的领导层（包括秘书主任、科长和股主任）共有8人，其中就有7人集中在这个年龄段。

---

① 《监察院新疆监察区监察使署组织条例》，《立法院公报》，1943年第127期，第64-66页。
② 《监察使署组织条例》，《国民政府公报》第2551号，1946年6月20日，第5-6版。
③ 《监察院监察委员行署组织条例》，《总统府公报》第61号，1948年7月29日，第1-2版。

表 2-8　两湖监察使署职员名录（1937 年 2 月）

姓名	职务	年龄/岁	籍贯
汪淮	秘书主任	48	安徽省舒城
周新民	秘书兼代总务科科长	41	安徽省桐城
李锡五	秘书	41	陕西省褒城
安梦周	调查科科长	28	安徽省六安
沈爽清	总务科文书股主任	37	安徽省霍山
喻正权	总务科编纂股主任	35	四川省巴县
张子贞	总务科事务股主任	39	安徽省六安
朱桐生	科员	29	江苏省兴化
孟宗唐	科员	34	浙江省诸暨
张家钰	调查科查报股主任	31	安徽省滁县
周自会	调查科统计股主任	32	湖南省湘乡
陶承初	会计员	31	安徽省六安
张觉灵	助理员	40	安徽省六安
史新基	助理员	36	陕西省临潼
汪荣瀛	助理员	35	安徽省黟县
解瑞璜	助理员	51	安徽省合肥
李丕卿	助理员	37	陕西省三原
李剑	助理员	30	安徽省寿县
汪叔殷	书记员	43	安徽省旌德
张亮侯	书记员	32	安徽省桐城
高凤池	书记员	37	河南省商城
张浩然	书记员	32	湖北省随县
宋传根	书记员	22	江苏省江宁
汪芳昱	书记员	24	湖北省英山

资料来源：《监察院湖南湖北监察区监察使署职员录》，《监察院湖南湖北监察区监察使署二十四年度年刊》，1937 年 2 月，湖北省档案馆馆藏档案，LSA2.5-6，第 487-488 页

表 2-9　两湖监察使署职员年龄统计表（1937 年 2 月）

年龄	20~29 岁	30~39 岁	40~49 岁	50~59 岁	总计
人数/人	4	14	5	1	24
比例/%	16.7	58.3	20.8	4.2	100

资料来源：《监察院湖南湖北监察区监察使署职员录》，《监察院湖南湖北监察区监察使署二十四年度年刊》，1937 年 2 月，湖北省档案馆馆藏档案，LSA2.5-6，第 487-488 页

就地域分布而言，两湖监察使署有超过半数的职员是安徽籍，其中有 4 人是安徽六安人，而来自两湖地区的只有 3 人（表 2-10）。究其原因，与

监察使高一涵的籍贯有很大关系。高一涵是安徽六安人，监察使署的秘书主任和两名科长均为安徽籍，5 名股主任中有 3 人是安徽籍。在南京国民政府时期，官场任人唯亲之风盛行，学者出身的高一涵亦未能免俗。此外，全署职员中来自南方省份者共有 20 人，北方人士仅有 4 人，这与国民党政权的发展历史有关。国民政府从南方起家，通过北伐形式上统一了全国，在长江以南地区的政权基础较好，其公务员队伍中也以南方人士居多。

表 2-10　两湖监察使署职员籍贯统计表（1937 年 2 月）

籍贯	安徽	陕西	江苏	湖北	湖南	四川	浙江	河南	总计
人数/人	13	3	2	2	1	1	1	1	24

资料来源：《监察院湖南湖北监察区监察使署职员录》，《监察院湖南湖北监察区监察使署二十四年度年刊》，1937 年 2 月，湖北省档案馆馆藏档案，LSA2.5-6，第 487-488 页

到了抗战时期，由于经费紧张，各监察使署的工作人员往往难以足额配备。以甘宁青监察使署为例，截至 1944 年底，全署人员编制应为 20~28 人，实有职员 16 人，其中除了秘书 3 人、科长 2 人、会计员 1 人为足额配备外，科员法定编制 4~6 人，实有 3 人；调查员法定编制 4~6 人，实有 2 人；助理员法定编制 6~10 人，实有 5 人，“均一人兼办数人之事”。[①]

“行宪”以后，根据《监察院监察委员行署组织条例》的规定，行署委员任期一年，不得连任，原则上应回避本人籍贯所在的监察区。[②]1948 年 7 月 29 日，监察院会议选出了各监察委员行署的第 1 届委员（表 2-11），但此次选举并未严格执行地域回避原则，在选举办法中规定各行署三位委员中只需有一人回避本区即可。[③]1949 年 3 月 26 日，监察院年度会议选出了各监察委员行署的第 2 届委员（表 2-12），并规定两届委员的交接日期为 7 月 15 日，由于此后国民党政权迅速崩溃，各行署的第二届委员大多未及上任。

表 2-11　监察院各监察区监察委员行署第一届监察委员当选名单（1948 年 7 月）

监察区	当选委员		
甘宁青区监察委员行署	王新令	康玉书	杨令德
豫鲁区监察委员行署	郭仲隗	赵季劲	祈大鹏
晋陕绥区监察委员行署	李嗣璁	谷凤翔	赵愚如
云贵区监察委员行署	张维翰	廖怀忠	吕超

① 高大同编：《高一涵先生年谱》，上海：上海文化出版社，2011 年，第 160 页。

② 《监察院监察委员行署组织条例》，《总统府公报》第 61 号，1948 年 7 月 29 日，第 1 版。

③ 《监院今选行署委员 委员推选办法修正通过 并决定组织四个巡察团》，《中央日报》，1948 年 7 月 28 日，第 2 版。

续表

监察区	当选委员		
两广区监察委员行署	邢森洲	张骏	贺有年
两湖区监察委员行署	李梦彪	王维祺	权少文
皖赣区监察委员行署	黄觉	金维繫	林式增
闽台区监察委员行署	陈达元	陈岚峯	陈志明
苏浙区监察委员行署	倪弼	喻培厚	庆深庵
冀热察区监察委员行署	王含章	耿毅	郝遇林
川康区监察委员行署	卢凤阁	谭文节	格桑悦布
辽宁安东辽北区监察委员行署	毕东垣	崔淑言	崔景章

资料来源：《监察院各监察区行署监察委员当选名单（1948 年 9 月 6 日）》，上海市档案馆馆藏档案，Q449-1-297-75，第 1 页

表 2-12　监察院各监察区监察委员行署第二届监察委员当选名单（1949 年 3 月）

监察区	当选委员		
甘宁青区监察委员行署	权少文	冯云仙	邢森洲
豫鲁区监察委员行署	孙式庵	刘耀南	张志广
晋陕绥区监察委员行署	王新令	奇世勋	王文光
云贵区监察委员行署	卢凤阁	陈廷璧	谢汝森
两广区监察委员行署	曹浩森	王赞斌	李煦寰
两湖区监察委员行署	黄芝轩	黄宝实	田欲朴
皖赣区监察委员行署	陈访先	任秉钧	毕东垣
闽台区监察委员行署	孙玉琳	高登艇	陈庆华
苏浙区监察委员行署	王向辰	金越光	刘平江
川康区监察委员行署	冷曝东	吕超	张维翰
新疆区监察委员行署	马良骏	哈的尔	沙拉哈尼姆

资料来源：《监院各区行署新选委员名单　各委会召集人亦选出》，《申报》，1949 年 3 月 27 日，第 1 版

各监察委员行署成立后，基本上沿用了原监察使署的人员班底。以苏浙区监察委员行署为例，截至 1949 年 3 月，全署共有职员 42 人，包括主任秘书 1 人，秘书 1 人，科长 2 人，科员 5 人，调查专员 4 人，调查员 4 人，会计员、统计员、人事管理员各 1 人，助理员 10 人，雇员 12 人（表2-13）。其中，30~50 岁的职员占总人数的近 80%（表 2-14），行署的简任职主任秘书和 7 名荐任职官员（包括秘书、科长、调查专员）全部集中在这个年龄段。

表 2-13　苏浙区监察委员行署职员名录（1949 年 3 月）

职务	姓名	年龄 / 岁	籍贯	职责
主任秘书	游铂镛	46	四川省涪陵	综理署内事务
秘书	王亚武	43	江苏省东台	审核文稿与处理机要文件
总务科科长	胡光历	38	江苏省盐城	综理本署文书事务
调查科科长	孙伟	43	江苏省江阴	综理调查事项
调查专员	张正宗	44	江苏省连云	调查工作
调查专员	许志远	41	安徽省泗县	调查工作
调查专员	赖尊	41	江西省	调查工作
调查专员	傅厚泽	45	南京市	调查工作兼驻杭州办事处主任
科员兼文书股股长	陈继舜	36	江苏省常熟	综理文稿
科员	杨子培	56	四川省南川	拟办调查科文稿
科员	曹良卿	36	江苏省砀山	拟办调查科文稿
科员	曾次韩	38	四川省射洪	办理秘书室文稿
科员	沈祖毅	31	浙江省杭县	办理总务科文稿
调查员	孙世明	31	河北省良乡	调查工作
调查员	蒲缉熙	31	四川省射洪	调查工作
调查员	周必正	39	江苏省盐城	调查工作
调查员	戚惠霖	39	浙江省鄞县	调查工作
助理员	张岳仙	35	江苏省镇江	办理总务科收发及监印事项
助理员	王安生	33	山西省五台	管理档案
助理员	王英华	49	江苏省吴县	办理调查科收文事项
助理员	刘克培	29	南京市	办理总务科福利事宜
助理员	谭志民	31	安徽省含山	办理本署收发事项
助理员	许少嘉	33	南京市	办理本署出纳事项
雇员	张晴	27	陕西省三原	管理役警及本署卫生事项
雇员	任英儒	26	四川省邻水	缮写
雇员	王浏	29	南京市	会计室缮写
雇员	刘曼青	30	四川省江津	办理调查科发文事宜
雇员	陈士本	26	四川省泸县	缮写
雇员	蒋奎五	36	安徽省颍上	驻杭州办事处缮写

续表

职务	姓名	年龄 / 岁	籍贯	职责
雇员	王华	33	安徽省巢县	驻杭州办事处缮写
雇员	滕兆生	24	江苏省无锡	秘书室译电事项
雇员	李安常	31	江苏省江宁	缮写
雇员	吴福骅	49	浙江省海盐	缮写
雇员	卓贞慧	46	四川省华阳	缮写校对
雇员	徐毓麟	28	江苏省江都	缮写
会计员	王锡三	46	南京市	综理本署一切会计事项
会计助理员	蒋传达	55	江苏省武进	协助办理会计事项
会计助理员	崔祖山	33	河南省辉县	协助办理会计事项
统计员	张寿泉	39	江苏省东台	综理本署一切统计事项
统计助理员	张鹤翔	49	浙江省青阳	协助办理统计事项
人事管理员	蒋益	45	江苏省宜兴	综理本署一切人事事项
人事助理员	唐奕	46	江苏省阜宁	协助办理人事事项

资料来源:《监察院苏浙区监察委员行署职员录》,《监察院苏浙区监察委员行署工作报告》, 1949 年 3 月, 上海市档案馆馆藏档案, Y4-1-867, 第 9-12 页

表 2-14　苏浙区监察委员行署职员年龄统计表（1949 年 3 月）

年龄	20~29 岁	30~39 岁	40~49 岁	50~59 岁	总计
人数/人	7	19	14	2	42
百分比/%	16.7	45.2	33.3	4.8	100

资料来源:《监察院苏浙区监察委员行署职员录》,《监察院苏浙区监察委员行署工作报告》, 1949 年 3 月, 上海市档案馆馆藏档案, Y4-1-867, 第 9-12 页

从表 2-15 可以看出，苏浙区监察委员行署的人员构成呈现出较为明显的地域色彩。行署由江苏监察使署与浙江监察使署合并组建而成，在全署 42 名职员中，北方人士仅有 4 人，其余 38 人均来自南方省份，其中江苏籍职员有 21 人，占总人数的一半。此外，由于国民政府在抗战期间曾迁往重庆办公，一批四川籍职员因地利之便进入监察机关工作，在苏浙区监察委员行署的职员中，就有 8 人籍隶四川省。

表 2-15　苏浙区监察委员行署职员籍贯统计表（1949 年 3 月）

籍贯	江苏	四川	浙江	安徽	江西	山西	陕西	河北	河南	总计
人数/人	21	8	4	4	1	1	1	1	1	42

资料来源:《监察院苏浙区监察委员行署职员录》,《监察院苏浙区监察委员行署工作报告》, 1949 年 3 月, 上海市档案馆馆藏档案, Y4-1-867, 第 9-12 页

三、监察使署的职权

监察使署是监察院派驻地方的工作机构，监察使代表中央政府行使监察权，拥有和监察委员同等的权力。但是，监察使在执行职务时受到法定区划的限制，监察对象为其所派监察区域内的公职人员，“非如监察委员得以普遍行使其职权”。[①]

（一）视察权

监察院在地方上推行分区监察制度，设立监察使署的初衷，就是“为便于行使巡回监察职权”。[②]《监察使巡回监察规程》规定：“监察使应就所派监察区内巡回视察。”[③]因此，巡回视察不仅是监察法规赋予监察使的重要权力，也是其必须履行的职责和义务。

监察院认为，“视察工作极为重要，各部门施政情形，自非详密考察，不能洞悉其利弊，就视察之所及，更易发觉公务员违法失职行为而无所隐遁”。[④]按照监察院的规定，监察使每年应出巡视察 2~4 次，时间为 6~8 个月，“各监察使出巡每省县数，应占该省县数三分之一以上”。[⑤]具体的视察计划，由各监察使署根据本监察区的交通状况和实际需要自行制订。出巡期间，监察使应注意了解本监察区内“各官署及公立机关之设施事项”“各公务员之行动事项”，以及“人民疾苦及冤抑事项”，并随时向监察院报告。[⑥]

全面抗战爆发以后，监察院制定了《非常时期监察院视察调查工作纲要》，并于 1938 年 2 月 9 日公布，其中规定，战时视察工作包括专案视察和一般视察，“专案视察，应就指定之机关团体或某种事项视察之，一般视察，应就指定之区域，为各地方一般事项之视察”。在一般视察工作中，应特别注意下列事项：①关于兵役征募及军事征用事项；②关于民众之组织训练事项；③关于食粮之储备调剂事项；④关于交通及运输事项；⑤关于抗敌及肃奸事项；⑥关于维护治安及防空设施事项；⑦关于伤兵之处理事项；⑧关于难民之救济事项；⑨关于捐税及其他有关人民负担事项；⑩关

---

① 监察院监察制度编纂处编：《监察制度史要》，南京：汉文正楷印书局，1935 年，第 152 页。

② 监察院监察制度编纂处编：《监察制度史要》，南京：汉文正楷印书局，1935 年，第 148 页。

③ 《监察使巡回监察规程》，《监察院公报》，1935 年第 30 期，第 1 页。

④ 监察院编印：《监察院工作报告》（1），1945 年 4 月，第 10 页。

⑤ 《本院各监察区监察使署三十一年度工作计划摘要》，监察院编印：《监察院工作报告》上册，1942 年 10 月，第 4-5 页。

⑥ 《监察使巡回监察规程》，《监察院公报》，1935 年第 30 期，第 1 页。

于生产建设及战时教育事项。[①]各监察使署可根据本监察区的实际情形制订具体视察计划，对于监察院交办的专案视察任务，监察使署应上交详细的视察报告；而对于一般视察工作，监察使署可择要报告，也可自行核办。

此外，各监察使署对于战时视察工作的实施，还可以制定补充章则，呈报监察院核准施行。例如，云贵监察使署制定了《非常时期云南贵州监察区监察使署调查员视察工作纲要》，并于 1938 年 3 月 18 日公布，其中规定，为适应战时需要，除由监察使随时出巡视察外，另“由本署各派调查员常川视察各县非常时期一切应办事项，其路线及期限，由监察使临时以命令定之”。调查员的视察任务如下：①关于兵役之征募及补充事项；②关于民众组织训练及宣传事项；③关于伤兵难民之收容及抚恤事项；④关于公安防务及查缉汉奸事项；⑤关于募集公债及征收税捐事项；⑥关于交通运输事项；⑦关于农工商矿业务之组织及推动事项；⑧关于公立团体之设施及活动事项；⑨关于行政司法各机关工作效率及人员之行动事项；⑩关于一切后方总动员事项。调查员每到一县，应将视察情形汇编成报告，按旬呈送监察使署。[②]

抗战进入相持阶段以后，监察院又制定了《监察院第二期战时监察工作实施纲要》，并于 1939 年 6 月 16 日呈报国防最高委员会核准施行，其中规定，各监察使署负责视察地方机关。在视察工作中，监察使署应注意考察本监察区内各机关的施政进度，以及各级公务人员有无违法失职行为，并需特别注意与抗战有关的各事项。[③]

此后，监察院“又为求视察工作之整齐划一，便于考核起见”，专门制定了《各监察区监察使署视察调查报告编造办法》并于 1941 年 10 月 1 日公布实施。其主要内容如下：①监察使署应于年度开始之时，将预定视察地区及人员等情形呈报监察院；②视察人员视察一县完毕后，应填具县报告表呈送监察使审核；③监察使视察一行政督察区完毕后，应编制区视察报告书，连同各县报告表一并呈送监察院；④全省视察完毕后，监察使署应将各区视察报告汇编为省视察总报告，经监察院院长审核后，转呈国防最高委员会；⑤县报告表应于视察完毕后 10 日内填具，区报告书应于视察完毕后半个月内呈送，省总报告应于视察完毕后 1 个月内呈送；⑥监察使出巡期间，应将所经各县的一般情形及出席会议、发表演讲、受理书状等

---

① 《非常时期监察院视察调查工作纲要》，《云南省政府公报》，1938 年第 10 卷第 71 期，第 1-2 页。

② 《非常时期云南贵州监察区监察使署调查员视察工作纲要》，《云南省政府公报》，1938 年第 10 卷第 34 期，第 27-28 页。

③ 《监察院第二期战时监察工作实施纲要》，监察院编印：《监察院工作报告》，1939 年 11 月，第 6 页。

事项制成旬报表，按旬呈报监察院，必要时可先以电报报告；⑦监察使署对特定事项进行视察时，应将视察情形随时制成专案报告，由监察院转呈国防最高委员会。[①]

到了抗战后期，监察院认为，“各监察区各有其特殊情形，如云贵、甘宁青等区宗族部落众多，两广、闽浙、皖赣、豫鲁、两湖各区诸多地方凡经我军克复，均应由各该区监察使驰往抚问死伤，督促办理善后事宜，并宣导中央意旨”。[②]自 1942 年起，各监察使署根据监察院的要求，均在本署的年度视察计划中增加了“宣导抚问”的任务。此外，监察院还根据国民政府每年度的施政重点，对各监察使署的视察工作作出具体安排。例如，为了抑制物价的过快上涨，国民党五届十中全会于 1942 年 11 月通过了《加强物价管制方案》，随后行政院又公布了《限价实施办法》，规定自 1943 年 1 月 15 日起，各省、市一律实行限价政策。监察院认为，限价政策开始实施以后，“全国经济行政益见繁重，监察辅助刻不容缓”，随即在 1943 年度的工作计划中专门规定，“视察《加强物价管制方案》实施后办理情形暨业务状况，以及一般执行人员之行动”为各监察使署本年度的中心工作。[③]

（二）调查权

调查权是监察使署的一项重要职权，调查工作关乎监察院分区监察制度的运行效率。正如苏浙区监察委员行署在其工作报告中所指出的：“行署业务之表现，端在调查。盖调查乃行署之灵魂，无调查则不能行使监察权，不能行使监察权，则行署直等虚设尔。”[④]由于“业务重心在调查工作”，各监察使署的人员配备均侧重于调查科。[⑤]

《监察使巡回监察规程》规定：“监察使得接受人民举发公务员之违法或失职之书状，但不得批答。”[⑥]1933 年 6 月 27 日，监察院第 25 次会议通

---

① 《各监察区监察使署视察调查报告编造办法》，监察院秘书处编印：《监察院监察法令辑要》，1942 年，第 181-185 页。

② 《本院各监察区监察使署三十二年度工作计划摘要》，监察院编印：《监察院工作报告》上册，1943 年 9 月，第 10 页。

③ 《本院各监察区监察使署三十二年度工作计划摘要》，监察院编印：《监察院工作报告》上册，1943 年 9 月，第 5-6 页。

④ 《监察院苏浙区监察委员行署工作报告》，1949 年 3 月，上海市档案馆馆藏档案，Y4-1-867，第 1 页。

⑤ 《监察院两湖区监察委员行署工作述要》，1949 年 2 月，上海市档案馆馆藏档案，Y2-1-795，第 6 页。

⑥ 《监察使巡回监察规程》，《监察院公报》，1935 年第 30 期，第 1 页。

过了《监察院收受人民书状办法》，其中规定："人民书状，以详述事实为要，不拘程式，但具呈人应详注姓名住址，如系人民团体呈诉，并须其团体负责人具名，本院查案，及提案时，酌按案情关系，仍予分别隐去。"民众向监察院呈诉事件，需列举证据，如有物证，应一并呈递，至于揭发公务人员违法失职行为的传单、宣言、揭帖等，监察院在调查案件时可酌情采用，作为佐证，但不得认为与正式书状具有同等效力。此外，民众对于公务人员的违法失职行为，如认为情节重大，或请求急速救济，可使用电报呈诉，但须详细列举事实情况，以备审核。[①]对于收到的人民书状，监察使署先加以审核，然后对其中有必要调查者进行专案调查。监察使署调查案件的方式有两种：一是直接派员从事调查（称为派查），二是委托其他机关代为调查（称为行查）。

1933 年 12 月 27 日，监察院第 27 次会议通过了《监察院调查规则》，1934 年 1 月 12 日，国民政府指令准予备案。该规则的主要内容如下：①调查人员接到命令后，应根据案情繁简和行程远近，预计调查期限和旅费数目，陈请核定，并应于三日内出发调查；②对于奉令进行秘密调查的案件，调查人员不得向外泄露案情；③调查人员在调查案件时，不得接受其他诉状或从事与该案无关的调查，且不得接受地方上的一切供应；④调查人员到达目的地后，应立即报告，并逐日撰写出差工作日记及旅费日记，遇到紧急事项，须先行呈报；⑤调查人员在执行职务时，如需询问案件关系人，应制作询问笔录，并令受询人署名签押；⑥调查人员如发现公务人员有危害人民生命财产安全的行为，且认为应进行急速救济处分，可立即电呈核办；⑦案件调查完毕后，调查人员应立即返回报告，并按照国民政府公布的《国内出差旅费规则》，据实呈报出差旅费。[②]

1934 年 6 月 23 日，监察院第 29 次会议对此前制定的《监察院调查证及其使用规则》进行了修订，7 月 6 日，国民政府指令准予备案。监察院调查证上印有"兹依监察院组织法第三条之规定，派××赴××调查××案件，此证"的字样。调查证的使用规则规定："调查员持此证赴各公署各公立机关调查档案册籍，各该公署或机关之主管人员不得拒绝，并不得藏匿应被调查之案件。遇必要时调查员得临时封锁该项案件，并得携去其全部或一部。"此外，调查员还可持调查证询问案件的关系人，查看相关的证物，并可以于必要时持调查证知会地方法院、县市政府及公安局予以协助。

---

① 《监察院收受人民书状办法》，《监察院公报》，1933 年第 19 期，第 39 页。

② 《监察院调查规则》，《监察院公报》，1934 年第 21 期，第 5-6 页。

案件调查完毕后，调查员须将调查证缴销。[①]

《监察使巡回监察规程》规定，“监察使为行使职权，得向所派监察区内各官署及其他公立机关查询或调阅档案册籍，遇有疑问，该主管人员应负责为详实之答覆”。[②]监察院分区监察制度开始实施以后，河北监察使周利生、甘宁青监察使戴愧生、两湖监察使高一涵等联名呈文监察院，“请咨行政院通令各省市政府转饬所属机关，对于监察使署调取文卷证件，须遵照监察院调查证使用规则之规定，不得拒绝隐匿，以利监纠”。[③]监察院接到周利生等的呈文后，由秘书处转交行政院办理。1936 年 7 月 29 日，行政院训令各省、市政府及其所属机关，对于周利生等的建议应遵照执行。

全面抗战爆发以后，监察院于 1938 年 2 月 3 日公布了《非常时期监察权行使暂行办法施行细则》，其中规定，为了便于行使职权，各监察使可随时前往本监察区内的各级机关和公立团体进行视察或调查，必要时也可派员前往。调查人员均须持有监察院的特别调查证，并遵守《监察院特别调查证使用规则》，凡与调查事项有关的机关团体和公务人员，亦应遵守之。[④]《非常时期监察院视察调查工作纲要》还规定，监察使署派出的调查人员如发现有下列情形，应立即向监察使报告：①公务员有违法或失职行为应急速处分者；②公务员有违法行为涉及刑事或军律者；③公务员对于非常时期应办事项有奉行不力或失当者；④地方有重大人民疾苦须急速救济者。[⑤]

到了抗战后期，监察院又在工作计划中规定，各监察使署应根据实际需要随时派遣调查员或其他职员从事专案调查，每年应派出调查人员 12 人，每人调查案件 10 件，全年共计 120 件，并以调查 1 个案件需时 5 日计，全年共需调查时间 600 日。此外，监察使署每年还应派遣调查员 2~3 人，分别前往监察使未能亲自巡察的各县、市从事普通调查，时间为 4~6 个月，调查范围应占监察区内各省县数的三分之二。[⑥]

---

① 《监察院调查证及其使用规则》,《监察院湖南湖北监察区监察使署二十四年度年刊》，1937 年 2 月，湖北省档案馆馆藏档案，LSA2.5-6，第 37-38 页。

② 《监察使巡回监察规程》,《监察院公报》，1935 年第 30 期，第 1 页。

③ 《江西省政府训令（第五五七二号）》，1936 年 8 月 11 日，江西省档案馆馆藏档案，J016-03-03721。

④ 《非常时期监察权行使暂行办法施行细则》,《江西省政府公报》第 1019 号，1938 年 3 月 28 日，第 2 页。

⑤ 《非常时期监察院视察调查工作纲要》,《云南省政府公报》，1938 年第 10 卷第 71 期，第 2 页。

⑥ 《本院各监察区监察使署三十二年度工作计划摘要》，监察院编印：《监察院工作报告》上册，1943 年 9 月，第 9 页。

（三）弹劾权

监察使对于违法失职的公务人员，经过调查核实、掌握确实证据后，即可依法提出弹劾。1932 年 6 月 24 日，《弹劾法》经立法院修订后，由国民政府公布施行，其第 5 条规定："弹劾案提出后应即由提案委员外之监察委员三人审查之，经多数认为应付惩戒时，监察院应即将被弹劾人移付惩戒。前项审查应由全体监察委员按序轮流担任，审查规则由监察院定之。"[①]如果审查委员认为弹劾案不应交付惩戒，而提案委员又对审查结果持有异议，则应将该案交付其他五名监察委员再次进行审查，并作出最终的决议。《监察使巡回监察规程》规定，"监察使所提之弹劾案，应以书面为之，但遇紧急事项得先以电报提出，事后补具事状。监察使所提弹劾案，适用《弹劾法》第五条之程序"。[②]

弹劾案件的来源主要有两种途径：一是监察使在巡回视察中发现公务人员的违法失职行为，并自行提出弹劾（称为自动监察）；二是监察使署受理民众检举公务人员违法失职的书状，经调查属实，然后提出弹劾（称为被动监察）。[③]其中，除少数重要案件由监察使自行提出弹劾外，"其余大都依据人民控诉，而为弹劾案之提出"。[④]

此外，《监察使巡回监察规程》还规定，"监察使对于所派监察区内公务员违法及失职之行为，认为情节重大，须急速救济者，除提起弹劾案外，并得径行通知该主管长官，予以急速救济之处分"。[⑤]主管长官接到监察使的通知后，如未进行急速救济处分，而被弹劾人最终又受到惩戒处分，则该主管长官亦应负责。根据《弹劾法》的规定，"公务员违法或失职之行为情节重大，有急速救济之必要者，监察院将该弹劾案移付惩戒机关时，得通知该主管长官，为急速救济之处分"。[⑥]可见，监察委员不能独立进行急速救济处分，而是由监察院代表全体监察委员集体行使此项职权，而且只能在弹劾案移付惩戒机关以后进行。而监察使署作为监察院的派出机构，在本监察区内可以自主行使急速救济处分的职权。正如《监察制度史要》一书所指出的，监察使"有提案弹劾之权，

---

① 《弹劾法》，监察院秘书处编印：《修订监察院法令辑要》，1945 年，第 68 页。

② 《监察使巡回监察规程》，《监察院公报》，1935 年第 30 期，第 1 页。

③ 监察院编印：《监察院施政概要》，1941 年 2 月，第 6 页。

④ 监察院编印：《监察院工作报告》，1939 年 11 月，第 2 页。

⑤ 《监察使巡回监察规程》，《监察院公报》，1935 年第 30 期，第 1 页。

⑥ 《弹劾法》，监察院秘书处编印：《修订监察院法令辑要》，1945 年，第 68 页。

而审查所提出之弹劾案，则仍属之监察院监察委员。且为法定区划所限，其弹劾权之行使，似仅能及于所在地之官吏”，但监察使“可以迳行通知该管区域主管长官为急速救济之处分，则较监察委员行使此项职权时，由院转行之为便捷”。①

（四）纠举权

全面抗战爆发以后，“以视察、调查、巡察工作之普遍开展，发觉公务员违法失职之途径亦较前增多”，“若依照弹劾法程序，弹劾案提出后尚须经审查及被弹劾人之申辩，及惩戒机关之复查，始能议决裁定，倘案中涉有刑事部分，则尤非短时期所能解决”。②监察院为适应战时需要，专门制定了《非常时期监察权行使暂行办法》，并于 1937 年 12 月 17 日公布施行，其中规定：“监察委员或监察使对于公务员违法或失职行为，认为应速去职，或为其他急速处分者，得以书面纠举，呈经监察院院长审核后，送交各该主管长官或其上级长官。其违法行为涉及刑事或军法者，得交各该管审判机关审理之。”该主管长官或其上级长官接到纠举书后，应立即将被纠举人撤职或给予其他行政处分，如认为不应进行处分，则须将不予处分的理由告知监察院。逾期未告知理由的，监察院即可将纠举案改为弹劾案，无须经过审查程序，直接移送惩戒机关，若被纠举人最终受到惩戒处分，该主管长官或其上级长官亦应负责。③

《非常时期监察权行使暂行办法》还规定，监察使如对本监察区内的委任职公务人员提出纠举，可直接将纠举书送交被纠举人的主管长官或其上级长官，然后再呈报监察院备案。先后担任过两湖监察使和甘宁青监察使的高一涵认为，书面纠举的最大优点：“一举而详实、迅速、公平之数效毕现，与惩戒机关相比较，其审慎详实如出一辙，而简捷迅速则有过之而无不及。”④

（五）建议权

《非常时期监察权行使暂行办法》规定，“各机关或公务员对于非常时期内应办事项，有奉行不力或失当者，监察委员或监察使得以书面提出建

---

① 监察院监察制度编纂处编：《监察制度史要》，南京：汉文正楷印书局，1935 年，第 152-153 页。

② 监察院编印：《监察院工作报告》(1)，1945 年 4 月，第 19-20 页。

③ 《非常时期监察权行使暂行办法》，监察院秘书处编印：《修订监察院法令辑要》，1945 年，第 71-72 页。

④ 高一涵：《抗战三年来监察法规增定及推行经过》，《中央日报（重庆）》，1941 年 1 月 1 日，第 8 版。

议或意见”，经监察院院长审核后，送交其主管机关或其上级机关办理，“主管机关或其上级机关接受前项建议或意见后，应即为适当之计画与处置”，事后还应将处理结果告知监察院。[①]由于各监察使“在平时核阅人民诉状，或出巡调查视察，对于政府各部门施政上的得失利弊，最容易明瞭”，因此，“他们对于中央地方各机关一切应兴应革的意见，也就十分值得珍视，可以作为各机关施政的参考”。[②]

弹劾与纠举都属于事后监察，而建议则属于事前监察的范畴，可以“防止违失行为于未遂，消弭国家损失于无形，与事后纠弹相互为用，不可偏废”。[③]正如高一涵所指出的：“凡属非常时期内应办事项，大都直接或间接与抗战建国有关，而为刻不容缓及适应事机之事项，与其监察于事后，毋宁监察于事前，与其惩戒于构成违法失职行为之后，毋宁警惕于尚未构成违法失职行为之前……故建议权之增设，不独在消极方面可以除去抗战建国工作之妨碍，并且在积极方面督促抗战建国工作之进行。”[④]监察使行使建议权，可以不受法定区划的限制，但是，监察使提出的建议和意见在法律上并没有约束力，主管机关或其上级机关是否予以采纳，完全由其自行决定，监察使署无权进行干预，更不能强制执行。

（六）监试权与监视权

南京国民政府建立了文官考试制度，根据《考试法》的规定，“凡候选人员、任命人员及依法应领证书之专门职业或技术人员均应经考试定其资格”。[⑤]各类考试均由考试院组织典试委员会负责考务，并由监察院负责监督。国民政府颁布的《监试法》规定：“凡举行考试时，由考试院咨请监察院，就监察委员或监察使中提请国民政府简派监试委员，但举行特种考试时得由考试院咨请监察院派员监试。”在考试开始前，典试委员会委员长应将典试委员会委员名册送交监试委员，监试委员负责监督下列事项：①试卷之弥封；②弥封姓名册之固封、保管；③试题之缮印、封存及分发；④试卷之点收及封送；⑤弥封姓名册之开拆及对号；⑥应考人之总成绩审查；⑦及格人员之榜示及公布。监试委员如在考试过程中发现有暗通

① 《非常时期监察权行使暂行办法》，监察院秘书处编印：《修订监察院法令辑要》，1945 年，第 73 页。

② 行政院新闻局印行：《监察制度的运用——怎样行使监察权》，1947 年，第 8 页。

③ 监察院编印：《监察院工作报告》(1)，1945 年 4 月，第 21 页。

④ 高一涵：《抗战三年来监察法规增定及推行经过》，《中央日报（重庆）》，1941 年 1 月 1 日，第 8 版。

⑤ 《修正考试法》，《司法院公报》第 60 号，1933 年 3 月 4 日，第 1 页。

关节、改换试卷或其他舞弊情形，应提出弹劾。考试结束后，监试委员应将监试经过情形呈报监察院。[①]

根据《考试法》的规定，文官考试分为高等考试和普通考试，高等考试在首都或考试院指定的区域举行，普通考试分别在首都及各省、市、区，或考试院所指定的区域举行。凡在首都举行的考试，均由监察院选派监察委员负责监试，而在各省、市、区举行的考试，多由监察使担任监试委员，如监察使不能亲自到场，也可派遣监察使署的工作人员代为监试。

除了监试以外，各监察使署还负责监督下列事项：①赈灾与救济款项的发放；②公职人员的就职宣誓；③烟土、毒品的销毁；④赃物、证物的销毁；⑤敌伪物资的公开标售。但是，上述监督任务并无明确的法律依据，一般由监察院临时委派，或由地方政府和司法机关邀请监察使或监察使署的工作人员参加，称为“监视”。

（七）职权保障：监察委员保障法

由于监察官员的职务具有一定的特殊性，国民政府专门制定了《监察委员保障法》，对监察委员的人身权益予以特别的法律保护。监察使如由监察委员兼任，自然受到《监察委员保障法》的保护，如非监察委员兼任，则在其任期内适用该法的规定。

1932 年 6 月 24 日，《监察委员保障法》经立法院修订后，由国民政府公布施行，其主要内容如下：①监察委员非经国民党开除党籍，或受刑事处分、惩戒处分以及受禁治产之宣告者，不得免职或罚俸，非经本人同意不得转任其他职务；②监察委员除现行犯外，非经监察院许可不得逮捕监禁，如监察委员为现行犯被逮捕，逮捕机关应于 24 小时之内将逮捕理由通知监察院；③监察委员在执行职务时，所在地的军警机关应对其人身安全提供充分的保护；④监察委员接受公务人员的馈遗供应，或对于应受弹劾的公务人员不予弹劾，或受人指使捏造事实提出弹劾，才能认定为失职，监察委员如因失职而遭到弹劾，应由其他三位监察委员进行审查，经多数通过，才能将其移付惩戒。[②]

---

① 《修正监试法》,《司法院公报》第 60 号，1933 年 3 月 4 日，第 3-4 页。

② 《修正监察委员保障法》,《立法院公报》，1932 年第 40 期，第 5-6 页。

四、清流政治：监察使群体构成之考察

（一）选拔与任用

1933 年 2 月 22 日，国民党中央政治会议通过决议，先行任命周震麟为热察绥监察区监察使，刘守中为晋陕监察区监察使。[①]但在当年 3 月，日军入侵热河，热河省全境沦陷，察哈尔、绥远、山西等也面临日本侵略的威胁，周震麟认为："现在形势既如此紊乱，当务之急，在如何救亡，何日北上组监察使署，刻难预定。"[②]后来，因华北形势日益危急，晋陕和热察绥两个监察使署迟迟未能成立。1935 年 1 月 14 日，周震麟、刘守中二人请辞获准。

1935 年 4 月 3 日，根据监察院院长于右任的提请，国民党中央政治会议通过了江苏区等 7 个监察区监察使的人选。4 月 6 日，国民政府正式任命丁超五等 7 人为监察使，4 月 29 日，首批 7 名监察使在南京宣誓就职，随即分赴各监察区上任。1935~1948 年，除未到任者外，先后担任监察使的共有 30 人（表 2-16）。

表 2-16　监察院各监察区历任监察使名录

监察区	姓名	任期
江苏区	丁超五	1935 年 4 月~1938 年 2 月
	李世军	1938 年 2 月~1939 年 4 月
	吴绍澍	1942 年 2 月~1945 年 9 月
	程中行	1945 年 9 月~1947 年 3 月
	严庄	1947 年 3 月~1948 年 7 月
皖赣区	苗培成	1935 年 4 月~1938 年 2 月
	杨亮功	1938 年 2 月~1944 年 11 月
	陈肇英	1944 年 11 月~1948 年 7 月
闽浙区	陈肇英	1935 年 4 月~1942 年 8 月
	高鲁	1942 年 8 月~1944 年 11 月
	杨亮功	1944 年 11 月~1945 年 10 月
湘鄂区	高一涵	1935 年 4 月~1940 年 8 月
	苗培成	1940 年 8 月~1947 年 3 月
	高一涵	1947 年 3 月~1948 年 7 月

① 《中政会决议划全国为十四监察区 特派周震麟刘守中为监察使》,《申报》，1933 年 2 月 23 日，第 7 版。

② 《张继等赴新乡 华北办事处筹备已妥》,《申报》，1933 年 3 月 7 日，第 7 版。

续表

监察区	姓名	任期
豫鲁区	方觉慧	1935 年 4 月~1938 年 2 月
	李嗣璁	1938 年 2 月~1944 年 12 月
	郭仲隗	1945 年 1 月~1948 年 7 月
河北区	周利生	1935 年 4 月~1945 年 9 月
	李嗣璁	1945 年 9 月~1948 年 7 月
甘宁青区	戴愧生	1935 年 4 月~1938 年 2 月
	严庄	1938 年 2 月~1940 年 8 月
	高一涵	1940 年 8 月~1947 年 3 月
	邓春膏	1947 年 3 月~1948 年 7 月
云贵区	任可澄	1936 年 8 月~1939 年 11 月
	李根源	1939 年 11 月~1945 年 11 月
	张维翰	1946 年 1 月~1948 年 7 月
粤桂区	刘侯武	1939 年 10 月~1947 年 3 月
	刘成禺	1947 年 8 月~1948 年 7 月
晋陕区	王陆一	1941 年 6 月~1943 年 10 月
	童冠贤	1943 年 12 月~1946 年 1 月
	田炯锦	1946 年 1 月~1948 年 7 月
新疆区	罗家伦	1943 年 3 月~1946 年 2 月
	麦斯武德	1946 年 2 月~1947 年 7 月
	马良骏	1947 年 8 月~1948 年 7 月
浙江区	朱宗良	1947 年 10 月~1948 年 7 月
闽台区	杨亮功	1945 年 10 月~1948 年 7 月
川康区	曾道	1946 年 5 月~1948 年 7 月
辽宁安东辽北区	谷凤翔	1947 年 10 月~1948 年 7 月

资料来源：刘寿林、万仁元、王玉文，等编：《民国职官年表》，北京：中华书局，1995 年，第 419-431 页

《监察使巡回监察规程》规定，监察使的任期为两年，期满可以连任，在任内也可以调往其他监察区。因此，每隔两年左右，国民政府就会集中调整各监察使的职务。首批 7 名监察使于 1935 年 4 月就职，到了 1938 年 2 月，国民政府发布任免令，7 名监察使中有 4 人被免职，3 人续任。监察使在任内去世或调任他职的，国民政府则会尽快任命继任人选，及时补缺。到了抗战后期，各监察使任期届满获得连任者居多。1945 年 1 月，监察院第 93 次会议通过了《加强监察制度之办法》，建议监察使任期届满不得连

任，可以调往其他监察区。[①]此后，该办法由监察院呈送国防最高委员会，但一直未能付诸实施。

监察使是特任官，属于南京国民政府文官序列中的最高等级，在国民党的“党治”体制下，各监察使的人选由监察院院长提名，经国民党“中央执行委员会政治委员会”通过，再由国民政府任命。在“训政”时期，凡是监察院提名的监察使人选，国民党“中央执行委员会政治委员会”均予以通过。因此，各监察使的人事任用权实际上由监察院院长于右任掌握，国民党政权的最高领导人也难以干预。例如，1945 年 9 月，江苏监察使出缺，国民政府主席蒋介石亲自致电于右任，推荐蒋伯诚继任，并推荐方觉慧为监察使人选，希望监察院能“相机核派”。[②]当时，于右任已决定由程中行继任江苏监察使，遂提名蒋伯诚担任浙江监察使。此后，虽有多个监察区的监察使相继出缺，但于右任一直未安排方觉慧接任。

在南京国民政府时期，监察使的选拔与任用带有强烈的“人治”色彩，影响了其作为执法官员的公正性与权威性。此外，由于监察使“事实上每多连任”，在同一监察区任职时间过长，“势不能与该区内各高级官吏全避酬酢，相处既熟，每易轻法而重情，一旦发生与各高级官吏直接间接有关之案件，即难行使其职权，而所可纠举者，都为一般低级官吏”。[③]作为监察院推行分区监察制度的直接承担者和执行者，监察使的选拔任用机制存在严重缺陷，势必会影响制度效能的发挥。

（二）年龄与籍贯

在历任监察使中，就职时年龄在 40~60 岁的共有 21 人，占总人数的 70%（表 2-17），这个年龄段的人员精力充沛，阅历丰富，正值奋发有为的黄金时期，可以说是监察使群体的中坚力量。就职年龄在 40 岁以下者仅有两人，最年轻的是李世军，他出生于 1902 年 4 月，1938 年 2 月被任命为江苏监察使，上任时还不满 36 岁。此外，还有 7 名监察使就职时年龄超过了 60 岁，其中最年长的是出生于 1867 年 12 月的马良骏，他于 1947 年 8 月就任新疆监察使，时年 80 岁；两广监察使刘成禺出生于 1875 年 12 月，

---

① 《监察院为拟具“健全监察制度办法”请予颁行事致国防最高委员会呈稿》，见中国第二历史档案馆编：《国民党政府政治制度档案史料选编》上册，合肥：安徽教育出版社，1994 年，第 329 页。

② 《蒋介石为蒋伯诚谋江苏监察使职务事致于右任代电》；《蒋介石为方觉慧谋监察使职务事致于右任代电》，见中国第二历史档案馆编：《国民党政府政治制度档案史料选编》下册，合肥：安徽教育出版社，1994 年，第 104-105 页。

③ 《监察院为拟具“健全监察制度办法”请予颁行事致国防最高委员会呈稿》，见中国第二历史档案馆编：《国民党政府政治制度档案史料选编》上册，合肥：安徽教育出版社，1994 年，第 329 页。

1947 年 11 月就任时已 72 岁，“门齿多脱落，白发萧然”。[①]监察使位列特任官，在地方上代表中央政府行使监察权，其人选需兼具资望与能力，因此，监察院对监察使的选拔任用采取了相对稳健的原则，宁可选择政坛耆宿，也不敢大胆启用年轻官员。

表 2-17　历任监察使任职年龄统计表

年龄	30~39 岁	40~49 岁	50~59 岁	60 岁以上	总计
人数/人	2	15	6	7	30
比重/%	6.7	50	20	23.3	100

资料来源：徐友春主编：《民国人物大辞典》，石家庄：河北人民出版社，1991 年；刘国铭主编：《中国国民党百年人物全书》，北京：团结出版社，2005 年；李新总编：《中华民国史人物传》第 1-8 卷，北京：中华书局，2011 年；中国国民党中央委员会党史史料编纂委员会编：《革命人物志》第 1-23 集，台北：“中央”文物供应社，1969-1983 年

就籍贯而言，30 名监察使分别来自全国 18 个省份，而且分布较为平均，每个省最多为 3 人（表 2-18）。其中，来自南方省份者共有 18 人，多于北方人士，这与国民党政权的发展历史有关，国民政府是从南方起家的，在长江以南地区的政权基础较好，其公务员队伍中也以南方人士居多。对于监察使是否须回避本籍，国民政府一直未作出明确规定。以江苏监察区为例，在前后 5 任监察使中，吴绍澍和程中行是江苏人，丁超五是福建人，李世军是甘肃人，严庄是陕西人。对于地处边远地区的监察区，监察院会尽量启用当地人士担任监察使。例如，云贵监察区的 3 任监察使皆为本区人士，其中任可澄是贵州人，李根源和张维翰是云南人。

表 2-18　历任监察使籍贯分布统计表

籍贯	甘肃	陕西	察哈尔	河北	河南	山西	青海	新疆	浙江	福建
人数/人	3	2	2	1	1	1	1	1	3	3
籍贯	江苏	安徽	湖北	云南	贵州	四川	江西	广东	总计	
人数/人	2	2	2	2	1	1	1	1	30	

资料来源：徐友春主编：《民国人物大辞典》，石家庄：河北人民出版社，1991 年；刘国铭主编：《中国国民党百年人物全书》，北京：团结出版社，2005 年；李新总编：《中华民国史人物传》第 1-8 卷，北京：中华书局，2011 年；中国国民党中央委员会党史史料编纂委员会编：《革命人物志》第 1-23 集，台北：“中央”文物供应社，1969-1983 年

在全面抗战前两年，国民政府共任命了 8 名监察使，其中只有 2 人是本区人士，全面抗战时期，籍隶本区的监察使逐渐增多。抗战胜利后，新

① 《刘监察使抵穗 下月一日接篆》，《申报》，1947 年 10 月 30 日，第 5 版。

获任命的10名监察使中就有6位是本区人士。“行宪”前夕，14名在任的监察使中有7人年龄超过了60岁，只有2人未满50岁。可见，在南京国民政府统治后期，监察院的用人策略日趋保守。有时论指出：“监察使之行使职权，与考察官吏行为，必须一本客观事实，以为判断。若稍存主观之伪是，或喜恶之私念，则未有不失败者。监使之所宜自励者，端在打破‘人情’关头。无亏‘公道’原则。‘爱之欲其生，恶之欲其死’必当痛戒焉。”① 而我国向来有重乡谊的传统，一般来说，老年人在心理上又特别重人情、重世情，因此，本地出身或者年龄偏大的监察使往往难以在监察工作中坚持“公道”原则。可以说，监察院过于僵化的选人用人机制到了后期弊端日首凸显。

（三）学历与经历

历任监察使的教育背景决定了这个群体的整体素质。从表2-19可以看出，在30名监察使中接受过高等教育者共有25人（包括军校毕业者），其中还有1人获得硕士学位，4人获得博士学位。除了前清举人出身的任可澄和伊斯兰教经学家马良骏外，其余28人都接受过近代新式教育，其中有16人曾赴欧美或日本留学。在海外求学的经历不仅使他们接受了西方文化的熏陶，也有助于他们了解世界大势，开拓国际视野。从学科背景来看，接受过高等教育的25人中所学专业属于人文社会科学类者居多，共有17人，其中有11人为政治学和法学专业，这表明监察院较为注重监察使人选的专业素养。

表2-19　历任监察使学历情况统计表

学历	大学	硕士	博士	军校	中学	举人	其他	总计
人数/人	18	1	4	2	3	1	1	30

资料来源：徐友春主编：《民国人物大辞典》，石家庄：河北人民出版社，1991年；刘国铭主编：《中国国民党百年人物全书》，北京：团结出版社，2005年；李新总编：《中华民国史人物传》第1-8卷，北京：中华书局，2011年；中国国民党中央委员会党史史料编纂委员会编：《革命人物志》第1-23集，台北：“中央”文物供应社，1969-1983年

除马良骏外，其余29人在担任监察使以前都有从事政治活动的经历，其中9人还有从军经历。按照从政履历，监察使群体大致可划分为三类：一是政坛元老。例如，首任云贵监察使任可澄在北京政府时期曾任云南巡按使、贵州省长、教育总长，其继任者李根源曾任陕西省长、农商总长，

① 赓：《监察使之巡回监察》，《上海党声》，1935年第1卷第20期，第382页。

国民党政权的当政者之所以让这些已经远离政界的赋闲人士担任监察使，一方面是出于安抚和拉拢的考虑，另一方面是希望借重他们在地方上的影响力。二是职业文官。历任监察使多由国民党政权的现职党政官员转任，其中有22人曾在监察院任职。三是学者从政。有10名监察使系学者出身，其中，高鲁是我国近代著名的天文学家，曾任中央观象台台长、中国天文学会会长、中央研究院天文研究所所长，罗家伦、杨亮功、邓春膏三人则担任过大学校长。

由于国民党长期实行“以党治国”，历任监察使多为资深的国民党员，只有任可澄和马良骏为无党籍人士。国民党籍的监察使大多在国民党取得全国政权之前就已入党，其中有11人为同盟会会员，参加过辛亥革命。在国民党统治大陆时期，有12名监察使曾当选为国民党中央执行委员或中央监察委员，还有8人担任过省一级的国民党地方党部的负责人。1949年以后，由于种种历史原因，监察使群体的政治命运呈现出截然不同的走向，除4人已经去世外，共有12人留在大陆，其中有少数人转而拥护或参与新政权，另有14人前往台湾或远赴海外。在去台湾的监察使中，有多人继续在国民党政权的监察机关中任职，其中李嗣璁曾任台湾当局“监察院”副院长、院长，张维翰曾任台湾当局“监察院”副院长、代理院长。此外，田炯锦曾任台湾当局“司法院”院长，杨亮功曾任台湾当局“考试院”院长。总体而言，监察使这个群体对国民党政权的认同度和忠诚度较高。

监察使群体具备较高的文化素质和丰富的政治经验，可谓是南京国民政府文官队伍中的精英。但是，各种政治势力和派别的争斗贯穿于南京国民政府统治的始终，监察使群体亦未能摆脱派系政治的漩涡。例如，王陆一是于右任的同乡，曾追随于右任参加过护法战争，“赞襄靖国军革命运动，擘划甚多；事败随于先生赴沪，从事文化工作”。[①]于右任担任监察院院长后，王陆一获任监察委员，并长期兼任监察院秘书长，后出任晋陕监察使。此外，程中行、刘侯武、朱宗良、高一涵、刘成禺、严庄等也都与于右任关系密切，他们实际上成为了监察使群体中的一个主要派别。此外，担任监察使长达11年的陈肇英早年曾与蒋介石“往返甚密，为金石交”。[②]先后担任皖赣监察使和湘鄂监察使的苗培成，曾参加陈果夫、陈立夫组织的“青

① 《王陆一先生传略》，见大陆杂志社编：《中国近代学人象传》初辑，台北：文海出版社，1985年，第16页。

② 李雄、何忆昔：《陈雄夫（肇英）先生事略》，见中国国民党中央委员会党史史料编纂委员会编：《革命人物志》第17集，台北：“中央”文物供应社，1977年，第203页。

天白日团”并任中央干事，是“C.C.系”的骨干分子。[①]由于国民党政权的当政者争相延揽其亲信出任监察使，监察院分区监察制度的独立性和公信力遭到严重破坏。

制度主体是决定制度运行绩效的一个重要因素。监察使群体作为监察院推行分区监察制度的主体，整体素质较高，政治经验丰富，历任监察使大都能以清廉自持，尽心履职。正如担任过甘宁青监察使和江苏监察使的严庄所说：“我一生上无片瓦，下无立锥，并且债务累累。”[②]但是，在南京国民政府统治时期，“领袖”独裁，军权唯大，监察机关有职无权，一直处于边缘和弱势的地位，历任监察使“建设廉洁政府，扫除贪污风气”的理想和抱负终究无法实现。

以史为鉴，在当前我国全面深化改革的新形势下推进廉政制度建设，需要建立一支适应时代要求的监察工作人员队伍。首先，应当改进现行的选人用人机制，克服论资排辈、封闭僵化的弊端，不拘一格，唯才是举，选拔一批年富力强、综合素质较高的干部充实到各级监察机关的领导岗位。其次，要进一步调整完善监察机关内部的考核奖惩制度和教育培训制度，全面提升监察工作人员的业务能力和法律素养。最后，我们还要充分地认识到，廉政制度是整个国家政治制度体系的有机组成部分，应当继续推进政治体制改革，理顺监察机关与行政机关和司法机关的关系，使各级监察机关在国家政权体系中保持应有的独立性和自主性，为监察工作人员有效行使职权创造良好的环境和条件。

---

① 胡梦华：《国民党 C.C.集团的前前后后》，见中国人民政治协商会议天津市委员会文史资料研究委员会编：《天津文史资料选辑》第 6 辑，天津：天津人民出版社，1980 年，第 176 页。“C.C.系”是以陈果夫、陈立夫兄弟为首的国民党内派系，在国民党统治大陆时期长期掌控国民党党务大权。

② 严庄：《严庄自述：我在多变迁的四十年中》，见中国社会科学院近代史研究所近代史资料编辑部编：《近代史资料》总 123 号，北京：中国社会科学出版社，2011 年，第 280 页。

第三章 监察院分区监察制度的运作（一）：江苏监察使署

一、镇江时期：1935~1937年

（一）综述

1. 视察与调查

1935年4月6日，国民政府任命丁超五[①]为监察院江苏监察区监察使。6月10日，江苏监察使署在江苏省镇江正式成立，并开始办公。江苏监察使署的辖区包括江苏省、南京特别市和上海特别市，地处南京国民政府的统治中心。当时，全国政局已趋于稳定，江苏监察使署的巡回视察工作得以顺利开展。以1936年为例，当年江苏监察使丁超五共出巡3次，分别视察了苏南地区和苏北地区。

---

① 丁超五（1883-1967年），福建邵武人，福州格致书院毕业，于1911年加入同盟会。历任福建省议会议员，国会众议院议员，护法军政府大元帅府参议，福建省政府委员兼建设厅厅长，立法院立法委员，监察院江苏监察区监察使，福建省参议会议长。丁超五曾当选为国民党第二、三届候补中央执行委员，第三至六届中央执行委员。1949年以后，丁超五曾任福建省人民政府副主席、副省长，民革上海市委主委，全国政协委员等职。

第1次出巡是在当年的3月，丁超五率江苏监察使署调查科科长黄淼、秘书孟普庆等从镇江驻地出发，于3月4日到达上海特别市。[①]随后，丁超五一行视察了上海周边各县（当时属于江苏省管辖），5日到宝山，6日到上海（县）、奉贤，9日到川沙，10日到南汇，所到之处，“巡察县政、烟禁、党务、监所应行改进各点，当经面予指示”。在宝山县，丁超五发现该县境内长江江堤的保坍[②]护岸工程年久失修，“险象堪虞，急宜设法防患未然”。川沙县的司法案件每月仅30余起，立案的案件数量和审结的案件数量大体相当，丁超五认为“收结能相抵，此罕有现象”。南汇县在县长袁希洛的主持下，新建了沿海土堤，“功效尚大，地方人士对袁县长，尚表好感”。[③]

3月13日，丁超五一行赴金山县视察。金山县的旧城在金山卫，当地尚有土匪未能清剿，丁超五认为“沪杭公路经此，故不无危险问题发生”。该县的司法诉状每月共30余起，均能结案，而在全县的农业产出中，大米占到了七成，棉花约占三成，川沙、南汇两县则是大米占三成，棉花占七成，二者之间正好成反比。[④]14日，丁超五一行又到松江县视察，随后返回上海，视察了市区内各处监狱。19日，丁超五一行结束视察返回镇江驻地，此次出巡所到各县，土地清丈均已办理完毕，正在办理土地登记，各处海塘均无险情。[⑤]

第2次出巡是在6月下旬，丁超五率江苏监察使署的工作人员赴苏北地区视察。6月24日，丁超五等抵达淮阴县城清江浦，视察了导淮入海工程。随后，丁超五一行又前往淮安、泗阳、宿迁、涟水、盐城等地，视察县政，了解民情。视察结束后，丁超五对记者表示：“苏北各县庶政均上轨道，导淮工程成绩极佳。”[⑥]第3次出巡在当年12月上旬，丁超五一行再次赴苏北地区视察。[⑦]

江苏监察使署成立后，即开始接受民众的检举控告。1935年7月，江苏监察使署分别向辖区内的国民党各级地方党部发出公函，称：“本署接收人民书状，及应办之事件，率多有赖各级党部之协助，尤其是本署调查

---

① 《丁超五昨日巡察上宝两县政 今日赴川沙奉贤巡察》，《申报》，1936年3月6日，第9版。

② 由于长江下游江岸多因水流的冲刷和侵蚀而坍塌，沿岸大片农田和部分村镇也坍入江中，为防止江岸坍塌而修筑的护岸工程，称之为“保坍”。

③ 《监察使丁超五灰日代电——报告视察宝山、南汇、川沙各县情形》，《监察院公报》，1936年第72期，第31页。

④ 《监察使丁超五寒日代电——报告视察金山情形》，《监察院公报》，1936年第72期，第31页。

⑤ 《丁超五返镇 谈巡视江南各县经过》，《中央日报》，1936年3月20日，第6版。

⑥ 《丁超五巡视苏北》，《镇海报》，1936年6月26日，第1版。

⑦ 《丁超五赴苏北视察 余井塘赵棣华返镇》，《中央日报》，1936年12月4日，第4版。

员分赴各县查案，有必要时，更须请各地党部协助进行。”[1]随后，国民党上海特别市党部、南京特别市党部、江苏省党部均发布训令，要求下属的各级党部对江苏监察使署的调查工作予以协助。

除了案件调查以外，江苏监察使署还承担监察院临时交办的专门调查任务。例如，1936 年 4 月 21 日至 27 日，江苏吴县发生了农民抗租风潮，监察院于 4 月 29 日致电江苏监察使署，称：“本日申报载苏州农民抗租各情，因何发生，已否平息，希即密速查复。”[2]丁超五接到命令后，立即派江苏监察使署的办事员张拯前往吴县调查。张拯调查完毕返回后，丁超五拟具了详尽的调查报告，于 5 月 27 日呈送监察院。

根据江苏监察使署的调查，“苏州农业之特征，为佃农制度之盛行，佃农占全县农民十之八九，业主多居城区，农事不问，收获时期，乃派人下乡设栈，征收租米”。业主所雇用的收租人员，称之为“催甲”或“催征吏”，“催甲”利用业主和佃户之间的隔膜，蒙蔽业主，对农户肆意盘剥勒索。“且业方置田，不在耕而在租，以收租为唯一之目的，厉行征收，乃必要之手段”，而当地政府又以田赋作为重要的财政收入来源，慑于业主的权势，对收租也予以协助，“当地警队，竟成为催租之武力，欠租被拘，在在皆是”。因此，业主和佃户之间的关系日益恶化，成为抗租风潮发生的症结所在。此前，吴县已经多次发生抗租风潮，“农民受种种制裁，反感极深，益以秋收荒欠，不无企图免租……因此纠纷日烈，随时有激起风潮之可能”。[3]

此次抗租风潮发生以后，当地政府提出了“体恤农民，维护法益”的处置原则，尽力维持社会秩序，除将抗租的主使者拘押外，其余被捕人员一律准予保释。同时，当地政府还训令警队，“不得轻徇业主请求，任意拘捕”，并要求各区、乡的公务人员在处理田租纠纷时应“妥慎办理，宜采取和平手段，使其就范”。此外，当地政府还拟订了“根本解决”业主与佃户纠纷的计划，包括创立农民仓库、普遍设立合作社、取消“催甲”制度、业主与佃户会同“秋勘”[4]等具体措施。丁超五认为，此次抗租风潮“纯因秋收荒歉，无力缴租，不堪催追所激起，尚无政治背景”，当地政府处置得当，事件已归于平息，但是，田租纠纷的前景“未可乐观，今后尤赖当局适宜之应付”。丁超五还指出，“苏州农村之患，不在水旱之灾，而为螟蝗之害……故治蝗选种，实属急要”，对于田租纠纷，“欲求根本解决之道，

---

① 《监察使署请党部协助查案》，《上海党声》，1935 年第 1 卷第 28 期，第 557-558 页。

② 《监察院公报》，1936 年第 84 期，第 15 页。

③ 《监察使丁超五调查报告——苏州农民抗租风潮经过》，《监察院公报》，1936 年第 84 期，第 15 页。

④ 由地方政府派员到各处勘察秋季收获或灾歉，为征收田赋作准备，称为“秋勘”。

宜仿浙江省实行二五减租，使耕者有其田，实现总理遗教，方为有济”。[①]收到江苏监察使署的调查报告后，监察院于6月2日向江苏省政府发出训令，要求对于调查报告中“所呈治蝗选种一节，应由该省政府查核办理”。[②]

2. 弹劾

在成立初期，弹劾是江苏监察使署行使监察权的主要方式。弹劾案件的主要来源是民众的检举控告，也有少数案件是由监察院交办。1935年10月至1937年1月，江苏监察使署共提出弹劾案30件，被弹劾人共有43人（表3-1）。在30件弹劾案中，只有戴则均一案因被弹劾人属于承包商，不在公务员惩戒委员会的管辖范围之内，其余29案均经监察院审查成立，移送惩戒机关处理。在43名被弹劾人中，除有3人系临时聘用人员外，其余40人均为荐任职或委任职的公务人员，其中以县以下的基层公务人员居多。从被弹劾人的职务来看，以各类行政人员为最多，共有18人，其中包括7名县长；军警人员次之，共有13人；司法人员共有12人，其中包括3名地方法院院长。就地域分布而言，被弹劾人的任职地点属于江苏省者共有34人，上海特别市有9人。

表3-1　江苏监察使署弹劾案件统计表（1935年10月至1937年1月）

提案时间	被弹劾人	弹劾理由	审查结果
1935年10月2日	江苏省保安第39大队第1中队长李继广	残杀焚烧	成立并移送惩戒
1935年10月2日	江苏省邳县第二区区长刘启公	滥用非刑	成立并移送惩戒
1935年10月12日	江苏省扬中县县长洪康燮	违法失职	成立并移送惩戒
1935年10月29日	江苏镇江地方法院江都分院院长许治新	假借权威 霸占民产	成立并移送惩戒
1935年11月6日	江苏省吴县公安局局长张汉威，分局局长严濂、黄天一	驭下不严 违法失职	成立并移送惩戒
1935年11月9日	江苏省淮北税警小队长韦光斗；西坝收税官沈贻勤；税警中队长张子明	韦光斗纵警击毙良民，沈贻勤、张子明袒护纵容	成立并移送惩戒
1936年1月15日	江苏省如皋县政府承审员国恩光；如皋县乡长王轶群	国恩光办案疏忽，王轶群擅权逮捕	成立并移送惩戒
1936年1月15日	江苏省盐城县邻楼乡乡长黄子强	侵占导淮工程经费，挟嫌诬陷	成立并移送惩戒

① 《监察使丁超五调查报告——苏州农民抗租风潮经过》，《监察院公报》，1936年第84期，第16页。
② 《监察院训令（机字第六九五号）》，《监察院公报》，1936年第84期，第10页。

续表

提案时间	被弹劾人	弹劾理由	审查结果
1936 年 1 月 15 日	江苏省宝山县公安局第三分局局长周锦堂	滥用职权 鱼肉乡民	成立并移送惩戒
1936 年 1 月 16 日	上海地方法院院长骆通	贪赃枉法	成立并移送惩戒
1936 年 1 月 17 日	江苏省嘉定县公安局局长陈幼民	听信谗言 非刑逼供	成立并移送惩戒
1936 年 1 月 17 日	江苏省崇明县营业税征收处主任王起元	违反法令、强征渔业税	成立并移送惩戒
1936 年 1 月 18 日	江苏省盐城县税警分队长周忠铭	纵属为非	成立并移送惩戒
1936 年 1 月 24 日	江苏省如皋县政府承审员卢开生	违法溺职	成立并移送惩戒
1936 年 2 月 6 日	江苏省泰兴县前任县长王兰卿	枉法裁判	成立并移送惩戒
1936 年 2 月 28 日	江苏省淮安县县长姚崇国	渎职滥押 违法有据	成立并移送惩戒
1936 年 3 月 2 日	江苏省涟水县政府建设科科长王西亭，涟水县县长沈靖华	王西亭违法渎职，沈靖华徇情袒庇	成立并移送惩戒
1936 年 3 月 2 日	江苏省靖江县前任县长李晋芳	武断法律 利用权力 藐视功令	成立并移送惩戒
1936 年 3 月 4 日	上海市苏五属盐务税警局局长李松崐，该局队长李景文、帖继周、薛巨卿	贪赃枉法 贿赂公行	成立并移送惩戒
1936 年 3 月 7 日	江苏省仪徵县县长张宏业，原任工程处第五队队长钱崇理	玩忽贪污	成立并移送惩戒
1936 年 3 月 21 日	江苏省无锡县统税管理所主任徐兆年	侵占税款 滥用私人	成立并移送惩戒
1936 年 4 月 2 日	江苏省启东县县长李葆缄；启东县政府承审员柴祖彭；启东县第一区区长杨欣态	违法渎职	成立并移送惩戒
1936 年 4 月 3 日	江苏省淤酒牌照税苏吴昆常稽征分局前任局长戴则均	欺诈吞款	不成立 该案注销
1936 年 4 月 4 日	江苏省江阴县教育局局长熊翥高	滥用权威，并损毁建筑物	成立并移送惩戒
1936 年 4 月 4 日	上海第二特区地方法院院长王思默，该院候补推事涂身洁	违法袒庇	成立并移送惩戒
1936 年 4 月 18 日	江苏省灌云县前任清理积案委员王学道	疏忽判决	成立并移送惩戒
1936 年 6 月 2 日	江苏省第四监狱前任典狱长（现任江苏省第三分监长兼江苏高等法院看守所所长）朱刚	违法舞弊	成立并移送惩戒

续表

提案时间	被弹劾人	弹劾理由	审查结果
1936 年 8 月 21 日	原任上海地方法院院长（调任湖北高等法院第二分院院长）骆通，该院兼管赃物库书记官齐峙南	违法失职	成立并移送惩戒
1936 年 12 月 12 日	江苏省东台县承审员邱鸿藻	违背法令	成立并移送惩戒
1937 年 1 月 6 日	上海地方法院检察官雷彬章	玩忽失职	成立并移送惩戒

在成立初期，江苏监察使署对一批违法失职、民愤极大的公务人员提出弹劾，一定程度上起到了稳定政局、澄清吏治、伸张民权、安抚民心的作用，也有助于监察机关树立社会威信，赢得民众信任。

（二）案例分析：弹劾镇江地方法院江都分院院长许治新案

1. 弹劾案的运作

1935 年 6 月，江苏省江都县民妇金江氏向监察院呈递书状，控告江都地方法院院长许治新假借权威、霸占民产。经监察委员李正乐审核，监察院院长于右任批准，该案于 7 月 3 日移交江苏监察使署办理。江苏监察使署接到监察院的训令后，立即派员前往江都县调查。经查明，江都地方法院办公房屋的后面原有一处竹园，自 1904 年起即归金江氏所有。江都地方法院于 1931 年 11 月改组为镇江地方法院江都分院后，负责管辖江都、东台、高邮三县的上诉案件，职员倍增，办公场所紧张，经江苏高等法院批准，该院计划扩建办公用房。1934 年底，江都县开始办理土地陈报，时任院长的许治新发现该处竹园位于江都分院办公处的“东部五进旧屋后面，缺其一角”，“有系属官地，而被人侵占情形”，遂派人向金江氏索要地契以供查验。金江氏上交地契后，许治新竟擅自将“该契内重要文字挖毁”，并派人在竹园四周建起围墙。[①]

江都分院委托的律师戴天球声称，“该竹园地西偏，何以坐落在法院后身，形势如此，不能无疑”。江苏监察使署的调查人员经过实地查看，发现竹园的位置和面积与地契记载毫无出入，当地耆绅周树年亦曾致函江都分院，证明该处竹园确为金江氏所有。江苏监察使丁超五认为，由于许治新不能确定该处竹园是否为官产，才向金江氏索阅地契以供查验，而后竟将

① 《江苏镇江地方法院江都分院院长许治新假借权威霸占民产案》，《监察院公报》，1936 年第 88 期，第 24 页。

地契中的重要文字挖毁，又未经金江氏同意，擅自建起围墙，“如此卑污行为，不特不应见于堂堂执法之命官，而其利用院长之权力机会，强占人民之所有物，尤非执法者之所应有”。鉴于该案事实清楚，证据确凿，丁超五决定对许治新提出弹劾，“其关于刑事部分，并请移交法院，依法惩办，以为恃权玩法者戒”。①

江苏监察使署弹劾许治新的呈文送达监察院后，交由监察委员杨仁天、朱宗良、李正乐进行审查。三位委员一致认为，“该院长实属假借权威，霸占民园，罪有应得”，许治新应移付惩戒，“以儆不法”。②至此，江苏监察使署对许治新的弹劾案正式成立。1935 年 10 月 29 日，监察院将该案移送中央公务员惩戒委员会办理，并随附丁超五所提弹劾案的原文、江苏监察使署的调查报告及三位监察委员的审查报告。随后，监察院发布指令，将弹劾案的审查结果告知江苏监察使署。

弹劾案进入惩戒程序以后，由惩戒机关全权处理，监察机关不能进行干预。《公务员惩戒委员会组织法》规定，中央公务员惩戒委员会直接隶属于司法院，掌管全国荐任职以上公务人员和中央机关委任职公务人员的惩戒事宜，江都地方法院院长属于荐任职官员，因此，“弹劾许治新案”对应的惩戒机关应当是中央公务员惩戒委员会。中央公务员惩戒委员会由委员长 1 人和委员 9~11 人组成，在审查惩戒案件时，应有委员 7 人以上出席，并由委员长指定其中 1 人为会议主席，委员长“对于惩戒事件，得查察进行程序，但不得干涉惩戒”。③

《公务员惩戒法》规定，惩戒处分共有五级，分别为免职、降级、减俸、记过、申诫。1936 年 6 月 3 日，中央公务员惩戒委员会召开会议，共有 7 名委员出席，由委员长覃振指定王开疆为会议主席，会议对监察院移付惩戒的许治新假借权威、霸占民产一案进行了审议。此前，许治新向司法院提交了申辩书，称其作为镇江地方法院江都分院的“法定代理人”，“代表国家机关，行使权利，收回人民侵占公地，以资公用，并非希图据于己有，行为并无不当”。对此，各位委员认为，政府与民众因经济事项发生纠纷，适用民法的相关规定，“对于人民历久为事实上管领之不动产，而与之发生所有权之争执者”，应由法院进行审理，国家机关不能自行处置，有国民政府行政法院的相关判例可为参照。而许治新身为司法官员，“对于民妇金江氏久经管领之基地”，“既未依法征收，亦未诉请审判，徒凭种种臆测

① 《监察使丁超五弹劾文》，《监察院公报》，1935 年第 53 期，第 10 页。

② 《委员杨仁天朱宗良李正乐审查报告书》，《监察院公报》，1935 年第 53 期，第 10 页。

③ 《修正公务员惩戒委员会组织法》，《司法院公报》第 125 号，1934 年 6 月 2 日，第 2 页。

之词，藉口公产，擅自围墙，滥权违法，殊非寻常”。[①]

按照《公务员惩戒法》的规定，公务人员的违法失职事件“已为不起诉处分，或免诉，或无罪之宣告时仍得为惩戒处分”。[②]此前，金江氏曾向镇江地方法院控告许治新，经该院检察官认定为罪嫌不足，以不起诉处分结案。因此，中央公务员惩戒委员会通过决议，将被惩戒人许治新降一级改叙，自改叙之日起，非经过两年不得叙进。随后，司法院发布训令，正式公布了惩戒决议。7 月 7 日，司法行政部将“许治新案”的惩戒决议告知江苏高等法院，令其遵照执行。[③]至此，历时一年多的“江苏监察使署弹劾许治新案”宣告结束。

2. 弹劾案的评析

“许治新案”是江苏监察使署弹劾地方司法官员的一个典型案例，纵观该案的整个过程，可以窥见监察院分区监察制度设计和运行的特点。

（1）弹劾案的运作程序呈现出明显的法治化特征。作为国家根本大法的《中华民国训政时期约法》明文规定，“人民之财产非依法律不得查封或没收”，这是江苏监察使署提出弹劾的主要依据。[④]虽然许治新辩称其代表法院收回公有土地，并未图谋私利，但江苏监察使署认为，政府机关为兴办公共事业，有征收土地之必要时，应按照土地征收法的相关规定办理，从而认定许治新强占民产属于违法失职行为。弹劾案正式提出后，从交付审查到移送惩戒，均严格按照法律程序进行。可以说，监察院分区监察制度是建立在法治基础之上的，南京国民政府的行政监察工作已经走上了具有现代意义的制度化和规范化发展轨道。

（2）社会文化对监察院分区监察制度运作的影响。行政监察制度作为整个国家政治制度体系的重要组成部分，必然会受到其所处时代的社会文化的影响。在南京国民政府时期，现代化进程尚处于起步阶段，“官本位”等传统观念的影响根深蒂固，任人唯亲、官官相护的陈规陋习依旧是现实政治生活的潜在准则。许治新早年毕业于北京法政专门学校法律系，后长期在国民政府的司法机关工作，本应是守法的模范，却知法犯法，公然强占民产，遭到弹劾之后仍饰词强辩。最终许治新虽然受到惩戒处分，却在其昔日法院同僚的袒护下免于法律制裁。可

---

① 《中央公务员惩戒委员会决议书（鉴字第三四五号）》，《司法公报（新）》第 124 号，1936 年 7 月 12 日，第 33-34 页。

② 《公务员惩戒法》，《司法公报》第 127 号，1931 年 6 月 20 日，第 6 页。

③ 《司法行政部训令（训字第三四一五号）》，《司法公报（新）》第 126 号，1936 年 7 月 22 日，第 13 页。

④ 《中华民国训政时期约法》，《司法公报》第 126 号，1931 年 6 月 13 日，第 2 页。

以说，“许治新案”的结局反映了监察院分区监察制度在“人治”盛行、权大于法的社会文化环境中运作的艰难与无奈。

（3）弹劾权和惩戒权分离的弊端。纵观“许治新案”的处理过程，监察机关从开始调查到移送惩戒，只用了 3 个多月的时间，而惩戒机关直到 7 个月之后才作出决议。当惩戒决议送达之时，许治新已经赋闲在家，并未担任任何公职，所谓降级改叙的处分实际上就失去了效力。正如曾担任两广监察使的刘侯武所说：“监察院详密调查审查成立之弹劾案件，惩戒机关，仍须调查证据，方行判决，手续重复，办理迂缓，岁月迢递，情境屡易……虽间或实施惩戒，然迁延既久，时效全失；或早因他故去职，或更以夤缘升官……法律无灵，沉冤莫白，此类事实，予人民不良观感，无异奖进贪污。”[①]弹劾权和惩戒权不统一，破坏了监察机关职权的完整性，监察院分区监察制度的效能也必然会受到影响。

二、运作的中断与恢复：1937~1945 年

（一）全面抗战前期：1937~1939 年

全面抗战爆发后不久，沪宁地区即告沦陷，江苏监察使署迁往苏北淮阴县办公。随后，江苏监察使丁超五辞职获准，1938 年 2 月 12 日，国民政府任命监察委员李世军[②]继任。李世军自武汉出发，于 2 月 24 日到达徐州，随后前往萧县、宿迁、睢宁、泗阳、淮阴、淮安、宝应、高邮、南通、如皋、盐城、阜宁、沭阳等地巡视，查看各地的战时行政、社会治安和民众组织训练情形，并代表国民政府慰问苏北民众和驻军官兵。[③]3 月中旬，李世军回到江苏监察使署驻地清江浦，随后又率工作人员前往临近前线的涟水、新浦、东海、赣榆等地视察。[④]在此期间，蒋介石曾秘密下令将运河

---

① 刘侯武：《强化监察制度之商榷》，《建设研究月刊》，1942 年第 6 卷第 6 期，第 21 页。

② 李世军（1902—1989 年），甘肃静宁人，北京师范大学教育系毕业，于 1923 年加入国民党。历任国民党甘肃省党部主任委员，国民革命军第 2 集团军总司令部政治部处长，行政院简任秘书，监察院监察委员、江苏监察区监察使、首都巡察团团长，军事委员会运输统制局财务处长，财政部花纱布管制局副局长兼西北分局局长，“制宪国民大会”代表，立法院立法委员。李世军曾当选为三青团第 1 届中央监察会候补监察，第 2 届中央监察会监察，国民党第 6 届中央监察委员、常务委员。1949 年以后，李世军曾任南京市政协副主席，江苏省政协副主席，民革江苏省委副主委，国务院参事等职。

③ 《各区监察使分别出发视察》，《申报》，1938 年 3 月 3 日，第 2 版。

④ 《苏北士气旺盛 地方组织严密 李世军电监察院报告》，《申报》，1938 年 3 月 20 日，第 2 版。

大堤决口，以洪水阻止日军进犯，李世军得知后，认为此事关系苏北 20 余县数百万民众的生命财产安全，当即将有关情况电告监察院，并赶赴徐州面见第五战区司令长官李宗仁，请他向国民政府高层进谏，经过多方面的努力，最终阻止了决堤计划。①

徐州会战结束后，苏北地区成为敌后沦陷区，1938 年 6 月，李世军率江苏监察使署的工作人员随第五战区部队撤往河南郑县，并协助当地军政当局办理难民的收容救济工作。7 月，李世军一行转赴武汉，当时监察院组织了以于右任为团长的第五战区军风纪视察团，李世军奉命出任副团长，随团赶赴前线，视察慰问参加武汉保卫战的各部队。8 月，因第二战区司令长官阎锡山克扣傅作义部第 35 军的军饷，李世军对其提出弹劾，但弹劾案经监察院审查未获通过。10 月 25 日，武汉失守，李世军率江苏监察使署的工作人员随国民政府撤往重庆。此后，监察院又派李世军赴陕西、河南等地视察灾情，并重点查看了花园口黄河决堤的损失情况，视察结束以后，李世军拟具报告呈送监察院，建议国民政府立即拨款救济黄泛区的灾民。②

在重庆期间，李世军又对前任江苏省政府主席陈果夫提出弹劾，指责他弃职逃走，置大批重要物资于不顾，以致全部陷于敌手，损失殆尽。陈果夫时任国民政府军事委员会委员长侍从室第三处主任，利用职权，在国防最高委员会会议上指责李世军放弃职守，应予免职。③1939 年 4 月 25 日，国民政府免去李世军的江苏监察使和监察委员职务，将其调任甘肃省政府委员兼建设厅厅长，对陈果夫的弹劾案最终也被搁置。当时，江苏监察使署的辖区几乎全部沦陷，实际上已经无法开展工作，国民政府未再任命江苏监察使的继任人选。

（二）全面抗战中后期：1942~1945 年

1941 年底，太平洋战争爆发，国民政府开始重视在沦陷区的工作，决定恢复设立江苏监察使署。此时，由于新任江苏监察使需要深入敌后开展工作，已非普通的文官所能胜任。1942 年 2 月 25 日，国民政府任命具有

① 王克江：《李世军先生生平》，见政协甘肃省文史资料委员会编：《甘肃文史资料选辑》第 37 辑，兰州：甘肃人民出版社，1995 年，第 146-147 页。

② 王克江：《李世军先生生平》，见政协甘肃省文史资料委员会编：《甘肃文史资料选辑》第 37 辑，兰州：甘肃人民出版社，1995 年，第 147 页。

③ 李世军遗述，王克江整理：《缅怀于右任先生》，见政协甘肃省文史资料委员会编：《甘肃文史资料选辑》第 37 辑，兰州：甘肃人民出版社，1995 年，第 138 页。

军方背景的吴绍澍[①]为江苏监察使。吴绍澍曾于 1939 年夏接受国民党中央党部的委派，秘密前往上海沦陷区，负责筹建国民党上海市地下党部和三青团上海支团部，随后被任命为国民党上海市党部主任委员、三青团上海支团部干事长，并兼任国民党中央宣传部东南战地宣传办事处主任，负责指挥国民党在上海沦陷区的部分潜伏力量。在上海期间，吴绍澍负责接应、护送出入沦陷区的国民党军政人员和新闻界人士，搜集敌伪情报，并派人深入敌占区，制裁汉奸，积累了丰富的敌后工作经验。[②]可以说，在当时的政治形势下，吴绍澍是出任江苏监察使的合适人选。

吴绍澍接到任命后，即从上海返回重庆，为江苏监察使署选配工作人员。1942 年 3 月 21 日，江苏籍旅渝人士为吴绍澍举行了欢送会，随后，吴绍澍率江苏监察使署的工作人员从重庆出发，避开敌占区，绕道湖南、江西等地前往苏南地区。[③]5 月上旬，吴绍澍一行抵达江西省上饶，当时，苏南地区的宜兴、溧阳、高淳三县尚在国民政府军队的控制之下，江苏监察使署决定在苏南一带择地办公。[④]经过几个月的准备，吴绍澍一行从上饶出发，于 10 月 18 日到达安徽南部的屯溪镇，随后进入苏南地区。[⑤]在苏南期间，吴绍澍一行视察了宜兴、溧阳、高淳三县的战时政务，查处了一批违法失职的地方官员，并代表国民政府慰问当地驻军。由于交通阻隔，吴绍澍一行无法进入苏北地区，而苏南三县又距离敌占区太近，为了江苏监察使署工作人员的安全起见，吴绍澍择定皖南屯溪镇作为临时办公地点。

1943 年 4 月，吴绍澍根据半年以来深入敌后视察的情况，拟具两项建议案呈送监察院。

（1）《建议统筹苏南驻军及地方团队给养案》。吴绍澍认为，苏南地区的高淳、溧阳、宜兴三县，“地连皖浙，进剿退守形势攸关，实为前后方出入重要据点”。当时，第三战区江南挺进军第 2 纵队在该地区驻防，此外，还驻有江苏省政府保安第 4 纵队、江南保安第 1 纵队、第 2 游击区京沪线特务纵队及各县常备队等地方部队。此前，各部队的经费由其主管机关分

---

① 吴绍澍（1906—1976 年），江苏松江人，东吴大学社会学系毕业，于 1922 年加入国民党。历任国民党汉口市党部常务委员、中央民众训练部处长，国民政府军事委员会第六部少将处长、第一军风纪巡察团委员、上海市军事特派员，国民党上海市党部主任委员、上海市政治特派员，三青团上海支团部干事长，上海市政府副市长兼社会局局长，“制宪国民大会”代表，立法院立法委员、交通委员会委员。吴绍澍曾当选为三青团第一届中央干事会干事，国民党第六届中央执行委员。1949 年以后，吴绍澍曾任全国政协委员、交通部参事。

② 《吴绍澍》，见上海市地方志办公室编：《上海修志向导》，1989 年第 4 期，第 32-33 页。

③ 《欢送吴监察使返苏工作记》，《复苏》第 3、4 期合刊，1942 年 6 月 15 日，第 33-34 页。

④ 《苏监察使吴绍澍抵上饶》，《申报》，1942 年 5 月 13 日，第 2 版。

⑤ 《乡人动态》，《苏讯月刊》，1942 年第 41、42 期合刊，第 14 页。

别发放，但一年多来，“苏南物价逐月飞腾，官兵所得给养相差太远，确属不敷。各主管机关不能顾及，任其求供地方，抑价售与，民间无法应付”。自抗战全面爆发以来，高淳、溧阳、宜兴三县多次遭到日军的入侵和轰炸，社会经济本已十分凋敝，而当地民众每月需要筹集法币 30 余万元以供应驻军，后来又实行征收实物制度，从而使“民间益形不安”。对此，吴绍澍指出，“各该驻在团队给养不足，固属事实，如此供应，不特结怨于民，且亦有损军纪，并足使敌伪奸逆藉为宣传利用之资，似宜从速改善，以固根本”。因此，吴绍澍主张，苏南驻军和地方团队的所有不敷经费，除由第三战区及江苏省政府江南行政公署按月补助外，“应由高级地方政府酌察实际需要，统筹办理，冀收实效，免滋流弊”。[①]

（2）《建议救济苏南教育案》。当时，江苏省大部分地区沦陷已久，逃离沦陷区的青少年学生除有少数人前往大后方入学外，其余都涌入高淳、溧阳、宜兴三县，希望能就近得到救济。苏南地区仅有的几所公立中小学早已人满为患，而临时设立的几所私立学校“类皆惨淡经营，与公立学校共负重大使命，惟其教职员待遇至为菲薄，生活已极艰困”。各公立学校的职员尚能由地方政府按月发给公粮补助膳食，而私立学校职员原有的膳食补助自 1942 年 10 月起已经停发。半年多来，私立学校教师的基本生活都难以维持，“于教育前途影响甚巨”。江苏向来是文化大省和教育大省，在全面抗战爆发前，全省中小学生的统计人数为全国之首，而战时苏南地区所有的公、私立中小学仅能容纳 2 000 余人入学，有大批学龄青少年因而失学。[②]

吴绍澍认为，如果苏南地区现有的公、私立学校因经费困难而无法维持，“更失中央重视教育之旨，故救济之举，刻不容缓”。此外，吴绍澍还指出，“沦陷区已毕业之中学学生及现在每学年公私立中学毕业之学生，苏皖附近均无大学可资升入，其无法远至后方者任令失学，尤为当前一严重问题”。针对上述情况，吴绍澍提出了三点建议：①在公立学校未增加至相当数量以前，苏南地区已经立案的私立学校职员应与公立学校职员享受同等的公粮补助待遇，必要时地方政府应筹集专款，对经费困难的私立学校进行补助。②由于现有的公、私立学校尚不足以容纳当地适龄青少年就学，有必要在苏南地区增设规模较大的国立临时中学和小学。③由于大批中学毕业生滞留在苏南地区，无法转入大后方求学，有必要在江苏、安徽两省的交界处筹设几所大学分校或大学先修班，以满足当地学生的升学需求。[③]

---

① 《建议统筹苏南驻军及地方团队给养案》，《监察院公报》，1943 年渝版第 3 期，第 46-47 页。

② 《建议救济苏南教育案》，《监察院公报》，1943 年渝版第 3 期，第 47 页。

③ 《建议救济苏南教育案》，《监察院公报》，1943 年渝版第 3 期，第 47-48 页。

吴绍澍提出的两项建议案，涉及的问题关乎民生、切中时弊，所拟解决办法见解深刻、切实可行，说明他熟稔敌后情形，具有敏锐的洞察力和准确的判断力。同时也表明，江苏监察使署在苏南期间的视察与调查工作深入细致，扎实有效，而不是仅仅流于形式。1943 年 5 月 7 日，这两项建议案经监察院审核，分别转送行政院办理。

1943 年 9 月底，日军向江苏、安徽、浙江三省交界处的国民政府统治区发动了大规模进攻。10 月初，苏南地区的国民政府军队纷纷撤退，原驻宜兴县张渚镇的江苏省政府江南行政公署也撤往安徽绩溪，宜兴、高淳两县全境沦陷。10 月 18 日，溧阳县城也告沦陷，国民政府的军政力量彻底退出了苏南地区。苏南各地的中小学校大多被迫解散，江苏监察使署的建议案最终落空。此后，直到抗战胜利前夕，国民政府军队也未能收复苏南沦陷地区，江苏监察使署也就无法正常开展工作。

1945 年 2 月，吴绍澍从屯溪镇出发，秘密视察了“苏南一带可能到达之处”，然后经浙江富阳县场口镇进入杭州，再潜入上海查看沦陷区的情形。[①]随后，吴绍澍根据此次出巡所了解到的敌后情形拟具报告呈送监察院，并转呈国民政府以供参考。此后，江苏监察使署的工作人员坚持留在皖南办公，直至抗战胜利。

三、上海时期：1945~1949 年

（一）战后初期：1945~1947 年

1. 视察与调查

抗战胜利后，吴绍澍调任上海市政治特派员、军事特派员，不再担任江苏监察使，国民政府于 1945 年 9 月 29 日任命程中行[②]继任。10 月，江

---

① 监察院编印：《监察院工作报告》（1），1946 年 2 月，第 5 页。

② 程中行（1903—1990 年），又名程沧波，江苏常州人，复旦大学政治系毕业，曾赴英国伦敦大学政治经济学院进修，于 1925 年加入国民党。历任上海《时事新报》主笔，中国公学大学部教授，《中央日报》社长，复旦大学新闻系主任、教授，香港《星岛日报》总主笔，重庆《世界日报》总主笔，上海《新闻报》社长，国民党中央宣传部副部长、中央政治会议秘书，国民政府军事委员会秘书，监察院秘书长、江苏监察区监察使，“制宪国民大会”代表，立法院立法委员，曾当选为国民党第 6 届中央执行委员。1949 年去香港，1951 年赴台湾，曾任台湾当局“立法院”立法委员兼“外交委员会”召集人，“中国新闻评议委员会”主任委员，国民党第九至十二届中央评议委员，并兼任政治大学、东吴大学、世界新闻大学教授。

苏监察使署从皖南迁至上海，在原法租界毕勋路 79 号设署办公。[①]10 月下旬，程中行率江苏监察使署的工作人员从上海出发，前往宝山、江阴、镇江、南京、溧阳等地视察。[②]1946 年 1 月，程中行又视察了沪宁铁路沿线各地，深入乡里，了解民情。视察结束后，程中行向江苏省政府提出了四项建议：①绝对尊重人民身体自由，不得任意拘禁监押；②慎重遴选各区、乡、镇、保甲的地方自治人员；③注意办理烟毒及汉奸案件，以免流弊；④清除各地盗匪痞棍横行。江苏省政府主席王懋功接到建议案后，下令制定具体的实施办法，通告各县市遵照办理。[③]在 1946 年度内，程中行先后视察了宝山、川沙、松江、青浦、嘉定、太仓、昆山、常熟、吴县、无锡、江阴、武进、宜兴、溧阳、镇江、丹阳、南京 17 个县市。[④]

1946 年 7 月，根据报章所载，联合国善后救济总署对国民政府办理的善后救济事务有所指责，并宣布停止向中国运送一切救济物资。监察院认为，此事关系国家声誉和人民生计，“究竟行政院善后救济总署，及其他各省分署之一切措施，是否适宜，有无违法失职情事，亟应澈查，以明真相”。[⑤]善后救济总署的总部设于上海，监察院电令江苏监察使程中行，监察委员杜光埙、谷凤翔，会同审计部审计王其昌、上海审计处处长杨宗炯、江苏审计处处长李文伯，调查善后救济总署及其苏宁分署的一切物资处理情况。调查结束后，程中行等拟具了详细的报告呈送监察院，并针对调查中发现的问题提出了建议案，由监察院转交行政院办理。

程中行原本出身新闻界，1946 年 5 月又被上海《新闻报》董事会聘任为社长，决定辞去江苏监察使的职务。1946 年下半年，程中行多次请辞，一直未获批准。1947 年 2 月，程中行以“专心办理新闻事业，无暇兼理公务”为由再次向监察院恳请辞职，终于获准。[⑥]1947 年 3 月 11 日，国民政府免去程中行的江苏监察使职务，任命监察委员严庄[⑦]继任。4 月 1 日，严

---

① 《江苏监察区监察使署向社会局借用办公椅卷（1945 年 10 月 30—11 月 6 日）》，上海市档案馆馆藏档案，Q6-15-697，第 1 页。

② 监察院编印：《监察院工作报告》（1），1946 年 2 月，第 5-6 页。

③ 《尊重人民身体自由 县府不得任意拘禁监押 程监察使建议省府通令遵办》，《苏讯月刊》，1946 年第 67 期，第 9 页。

④ 监察院编印：《监察院施政概要》（1），1947 年 5 月，第 4 页。

⑤ 监察院编印：《监察院施政概要》（1），1947 年 5 月，第 7 页。

⑥ 《江苏监察使请辞邀准 将专心办理新闻事业》，《时事公报》，1947 年 2 月 3 日，第 2 版。

⑦ 严庄（1886–1961 年），陕西渭南人，美国密歇根矿务学院毕业，获理学学士学位，于 1907 年加入同盟会。历任太原矿务局技师，陕西省政府工业司技师，陕西省政府委员兼建设厅厅长，国民政府赈款委员会委员、常务委员，赈灾委员会常务委员，赈务委员会委员，工商部劳工司司长，实业部劳工司司长、矿业司司长，监察院监察委员、甘宁青监察区监察使、江苏监察区监察使，“制宪国民大会”代表。严庄是中国科学社会员，曾当选为中国矿冶工程学会理事、副会长、会长。

庄到江苏监察使署接印视事。

1947 年 6 月 11 日至 17 日，严庄视察了沪宁铁路沿线的吴县、无锡、武进等地（表 3-2）。1947 年 9 月下旬，严庄又前往镇江、扬州及周边各县视察。9 月 27 日，严庄抵达扬州，召开各界人士座谈会，听取了江都县政府的工作报告，当地人士希望国民政府选派军政大员坐镇苏北，严庄表示同意转达。[①]10 月 3 日，严庄结束视察返回上海，对记者发表谈话称："苏北治安之潜在危机，仍极严重，如不及早加以克服，后患堪虑，目前苏北各地乡间……秩序未臻安定，军政当局应即严密注意。"[②]此一时期，受国共内战的影响，江苏监察使署的视察活动主要局限于苏南地区。在视察工作中，江苏监察使署关注民生疾苦、重视整顿吏治，同时也为国民党政权的独裁统治及其内战政策服务。

表 3-2 江苏监察使严庄出巡视察情况表（1947 年 6 月 11 日至 17 日）

日期	地点	视察经过
6 月 11 日	吴县	严庄从上海出发，当日抵达吴县，随后会见了各地方机关首长和报社记者，并派员视察县政府军法拘留所和公安局拘留所
6 月 12 日	吴县	上午，严庄出席各界人士欢迎会，听取江苏高等法院首席检察官韩焘、吴县县长沈乘龙的工作报告。下午，严庄赴吴县参议会视察，得知苏昆、苏常两条公路的桥梁在抗战时期多为日伪所毁坏，当即致函江苏省政府公路局，令其从速修理。随后，严庄赴江苏省第二区行政督察专员公署会见专员许宝光，又赴青年军第 202 师第 1 团驻地视察并训话。当日，严庄还派员视察了吴县税捐稽征处和直接税分局，并训令吴县县政府及公安局：改善拘留所设施，清理积案，清算囚犯口粮账目，不得滥押人犯
6 月 13 日	吴县 无锡	上午，严庄训令吴县县政府简化税捐征收手续，随后赴县政府视察并训话。在吴县期间，共收到民众诉状 5 件，各机关书面工作报告 4 件。下午，严庄抵达无锡，随后听取了县长徐渊若的工作报告
6 月 14 日	无锡	上午，严庄前往"首都卫戍司令部"无锡指挥所、无锡县商会、无锡地方法院等处视察，随后拜会实业家荣德生。下午，严庄出席各界人士欢迎会，无锡县参议会议长李惕平陈述三项要求：田赋征实制度流弊颇多，农民负担加重，必须加以改进；该县负担税额过重，希望能酌予减轻；县政府经费短缺，应留下部分税款以扶植地方。严庄当即表示可向国民政府建议设法改善。当日，严庄还派员视察了县政府军法拘留所、警察局指挥所、地方法院看守所，并对人犯管理、监狱设施及卫生状况等问题提出了改进意见
6 月 15 日	无锡 武进	上午，严庄派员参加无锡电信分局招考话务人员笔试监试，随后赴"边疆学校"视察并训话，又前往申新三厂参观考察。在无锡期间，共收到民众诉状 6 件。下午，严庄抵达武进，随后对记者表示：本人职在听取民间疾苦，使下情得以迅速上达，但愿多听，不愿多言，人民如有冤抑及对地方兴革意见，希望尽量提出

① 《严庄抵扬视察》，《申报》，1947 年 9 月 29 日，第 5 版。

② 《严监使苏北归来感慨万端 行总管理成绩不及一烧饼铺》，《申报》，1947 年 10 月 4 日，第 4 版。

续表

日期	地点	视察经过
6月16日	武进	上午，严庄出席各界人士欢迎会，武进县参议会副议长是旭人陈述三点意见：治人要严格调整；法令需顾到事实；一切政治设施最好能先征求地方意见，以免引起执行者之困难，造成地方纠纷。严庄表示赞同，随后又听取了县货物税局局长孙修铭和地方法院院长萧崇道的工作报告。下午，严庄赴县参议会视察，随后又赴青年军第202师第2团驻地视察并训话
6月17日	武进	上午，严庄前往武进县政府、警察局、教育局、图书馆、理化实验室、地方法院、常州中学、芳晖女中等处视察。下午，严庄与武进县国民党员、三青团员代表座谈，当晚返回上海。在武进期间，共收到民众诉状4件，各机关书面工作报告3件

资料来源：《江苏监察使工作记录（1947年6月）》，上海市档案馆馆藏档案，Q193-4-43

2. 监察权的行使

抗战胜利后，江苏监察使署以纠举和建议作为行使监察权的主要方式，1945年9月至1947年12月，共提出纠举案20件，建议案10件，弹劾案仅4件。1947年8月，上海相继发生了“善后救济总署高级职员集体贪污案”“邮政储金汇业局上海分局高级职员贪污舞弊案”“上海直接税局职员贪污索贿案”，引起社会舆论的广泛关注，江苏监察使署分别向行政院、交通部、财政部提出纠举案，并将有关刑事部分移送司法机关办理。[①]这三大弊案虽然轰动一时，但最后都不了了之，因“侦查结果认为犯罪嫌疑均不足，纵有未合之处亦属行政上问题”，被控贪污的善后救济总署副署长李卓敏等高级官员未被起诉；[②]上海直接税局局长楼国威面对指控，态度傲慢，多次拒绝接受传讯，上海地方法院致函财政部查询案情，也始终未获答复，致使该案延宕多时，最终以不起诉处分结案；[③]邮政储金汇业局前局长徐继庄在案发后即逃往香港，后来一直逍遥法外。

此一时期江苏监察使署提出的建议案，按照其内容可分为以下四类。

（1）关于战后接收工作和处置汉奸问题。例如，1946年1月，江苏监察使程中行分别向江苏省政府和第三方面军提出建议案：沪宁铁路沿线各地的驻军如需占用民房，今后应由当地政府代为寻找，不宜自行进入民居，以免引起纠纷。随后，程中行又提出了《纠正各地处置汉奸张弛不一案》，

① 《行总邮汇局贪污案　刑事部份交沪地院　严监察使谈调查所见》，《中央日报》，1947年9月24日，第2版。

② 《被控贪污之李卓敏等九人　不起诉处分理由》，《申报》，1947年12月22日，第4版。

③ 《楼国威被控案延搁多时　财部视察涉嫌　地检处传姚曾廙等两人讯问》，《申报》，1947年10月12日，第4版；《楼国威三传未到　参会无材料供给》，《申报》，1947年11月4日，第4版；《楼国威等不起诉书　文长万言今日发表》，《申报》，1948年1月7日，第4版。

该案经监察院转呈国防最高委员会核准，通令各省市政府遵照办理。[①]

（2）关于民生疾苦。例如，1946 年 1 月，程中行分别向国民政府军事委员会和行政院提出建议案：立即通令江苏省政府和第三方面军，在地方“绥靖”经费未经呈报中央批准以前，不得再轻易下令由各地商民筹集垫付，以苏民困。随后，程中行又向国民政府军事委员会提出建议案，主张切实改善江苏省的地方“绥靖”工作。[②]

（3）关于整顿吏治。例如，1946 年 2 月，程中行视察了上海市政府及所属各机关，随后拟具了《调查上海市政府暨各局行政设施改进意见书》，对上海市政府及公用局、教育局、社会局、财政局、卫生局、工务局、警察局、地政局的工作都提出了改进意见。在意见书中，程中行尖锐地指出：市政府及所属各局内部组织及人员均已超过修正市组织法规定的范围，亟待紧缩，以节经费。若以沪市地方情形特殊，亦宜于市组织法加以修改，不能照目前情形，于市财政极度拮据之中，复粉饰偌大之场面。[③]2 月 20 日，行政院秘书处将意见书转交上海市政府办理，3 月 18 日，上海市政府又将意见书下发给所属各机关，令其遵照办理。[④]

（4）为国民党政权的内战政策服务。例如，1947 年 1 月，国民政府军攻占了苏北地区，江苏监察使署于当年 3 月拟具了《关于苏北军政改善意见书》，其中涉及构筑碉堡、恢复公路、修建桥梁、架设电话、征购军粮、保证军草马料供应、改进部队调防办法等方面的内容。3 月 27 日，行政院秘书处将意见书分别送交国防部和交通部办理，6 月 16 日，行政院又通令各省市政府参照意见书的有关内容，协同地方驻军酌情办理。[⑤]

（二）苏浙区监察委员行署时期：1948~1949 年

1. 视察与调查

“行宪”以后，江苏监察使署停止办公，1948 年 7 月 29 日，庆深庵、

---

① 《监察院近两周来弹劾纠举建议各案 惩戒成都货物税局局长李若洲公务员还乡安家费请从优补助》，《中央日报》，1946 年 1 月 27 日，第 3 版；《训令：为江苏监察区监察使代电对于惩处汉奸实况建议纠正案希切实查禁》，《台湾省行政长官公署公报》春字第 12 号，1946 年 3 月 11 日，第 225 页。

② 《监察院发表弹劾纠举建议案》，《大公报》，1946 年 1 月 28 日，第 3 版。

③ 《上海市政府抄发江苏监察使署关于调查上海市政府暨各局行政设施改进意见书的函件（1946 年 3 月 18 日）》，上海市档案馆馆藏档案，Q6-15-156-3，第 3 页。

④《上海市政府关于办理行政院秘书处交办的江苏监察使署调查上海市政府及各局行政设施拟具改进意见问题与行政院及所属各局的来往文书（1946 年 3 月—9 月）》，上海市档案馆馆藏档案，Q1-6-457。

⑤ 《行政院秘书处交办江苏监察使对苏北军政改善意见的公函及北平市政府的训令（1947 年 3 月 27 日-7 月 1 日）》，北京市档案馆馆藏档案，J001-007-00900。

倪弼、喻培厚当选为苏浙区监察委员行署第一届委员。9 月 1 日，苏浙区监察委员行署在上海正式成立，同时还设立了驻杭州办事处。《监察院监察委员行署组织条例》规定，“监察委员行署设行署委员会议，议决有关行署各事项……行署委员会议主席，由委员轮流担任之”。[①]9 月 2 日，苏浙区监察委员行署召开了第一次委员会议，会议通过了行署的工作计划，并制定了行署职员请假规则、值勤规则、考勤规则和保密规则等。截至 1949 年 2 月底，苏浙区监察委员行署共召开委员会议 11 次。[②]

苏浙区监察委员行署成立之时，南京国民政府的统治已处在危机之中，沪宁地区通货膨胀严重，物价飞涨，行署委员的巡回视察经费“与实际情形相差极巨，工作进行，倍感困难”。[③]直到 1948 年 12 月，喻培厚由监察院委派前往杭州参加闽浙区高等考试监试，顺便视察了浙江省政府的施政情形。随后，行署调查专员兼驻杭州办事处主任傅厚泽又陪同监察委员金越光视察了交通部浙赣铁路局，前后历时两周。视察结束以后，金越光、傅厚泽等拟具报告，详细陈述了浙赣铁路局的组织机构、通车状况、员工待遇、收支概况、免票制度，以及打击走私、开办煤矿的情况，并针对视察中发现的问题提出了相关建议，呈送监察院交通委员会以供参考。[④]

1948 年 9 月至 1949 年 3 月，苏浙区监察委员行署共调查各类案件 404 件，包括“派查”107 件、“行查”297 件，在“行查”案件中，委托地方政府调查者 189 件，委托司法机关调查者 76 件，委托中央机关调查者 32 件。其中，“直接调查尚能把握重点与实效，作详尽深入发掘，以为判明是非张本，对于被告之声辩尤为重视，以期毋枉毋纵”，至于委托调查，则因“原告泰半捏名，调查徒劳无功，事过境迁，单凭被告片面文过饰非之辩诉，殊不易明瞭案情之真相”。但是，苏浙区监察委员行署每月的调查经费“不足供派一调查员半日之需”，只能以委托调查为主，直接调查为辅。[⑤]

南京国民政府为了挽救其财政经济危机，于 1948 年 8 月 19 日起发行金圆券以替代不断贬值的法币，并实行物价管制。但到了当年 10 月，币制改革失败，限价政策又被迫取消，物价再度飞涨，金圆券急剧贬值。苏浙区监

---

① 《监察院监察委员行署组织条例》，《总统府公报》第 61 号，1948 年 7 月 29 日，第 1 版。

② 监察院秘书处编印：《监察院工作报告》，1949 年 3 月，第 77 页。

③ 《监察院苏浙区监察委员行署工作报告》，1949 年 3 月，上海市档案馆馆藏档案，Y4-1-867，第 13 页。

④ 《监察院苏浙区监察委员行署工作报告》，1949 年 3 月，上海市档案馆馆藏档案，Y4-1-867，第 8 页。

⑤ 《监察院苏浙区监察委员行署工作报告》，1949 年 3 月，上海市档案馆馆藏档案，Y4-1-867，第 2-3 页。

察委员行署成立以后，除了职员的生活补助费用尚能由主管机关按照物价指数随时调整、按时拨发外，“其余办公费、调查费、委员巡回视察费、主管人公费等，预算讫未确定，国库仍按 8.19 时间暂定数字汇出”。[①]1949 年 3 月，苏浙区监察委员行署的经费严重短缺，“全月预算所列，不足以抵付水电开支，其余完全落空”，视察与调查工作因而“全部停顿”。[②]

2. 监察权的行使

1948 年 7 月 20 日，“行宪”后第一届监察院第 22 次会议通过了《监察院及监察委员收受人民书状办法》，其中规定，“监察院及监察委员收受人民书状，得不批答，其所诉不在本院职权内者，应通知具诉人，并发还原件”。[③]苏浙区监察委员行署成立以后，即分别通告监察区内的各省、市政府，开始依法接收人民书状。[④]1948 年 9 月 4 日，行署委员庆深庵、倪弼、喻培厚召开记者会，“一致表示将不顾一切与贪官污吏、豪门奸商搏战，恳请人民破除情面，发挥公是公非观念，挺身而出，予违害国家民族利益者以严重打击”。[⑤]

“行宪”后公布的《监察法》规定，监察委员提出的弹劾案，须由提案委员之外的监察委员 9 人以上进行审查，经多数通过，才能移送惩戒。监察委员提出的纠举案，只需经过 3 名监察委员的审查，监察委员“于分派执行职务之该管监察区内，对荐任以下公务人员提议纠举案于监察院，得同时以书面迳送该主管长官或其上级长官”。[⑥]1948 年 9 月至 1949 年 3 月，苏浙区监察委员行署未提出过弹劾案，只提出了 2 件纠举案和 1 件纠正案（表 3-3），另以其他方式处理案件 27 件（表 3-4）。

表 3-3 苏浙区监察委员行署纠举案件统计表（1948 年 9 月至 1949 年 3 月）

案情概况	处理方式	处理结果
1948 年 9 月 13 日，行政院会议通过了《加速出售敌伪房地产办法》。此前敌伪房地产的估价漫无标准，远低于市场价格，该办法中有关优先承购的规定流弊太多，有维护私人权益、损害国家利益之嫌	提出纠正案，经监察院审查成立，移送行政院促其注意改善	行政院决定接受纠正案，尚未出售的敌伪房地产均须按照《加速出售敌伪房地产办法》的规定，根据市场现价重新估价，此前出售的敌伪房地产凡价款已缴清者均不再另行估价，价款尚未缴清者应重新估价

① 《监察院苏浙区监察委员行署工作报告》，1949 年 3 月，上海市档案馆馆藏档案，Y4-1867，第 13 页。

② 《监察院苏浙区监察委员行署工作报告》，1949 年 3 月，上海市档案馆馆藏档案，Y4-1-867，第 8 页。

③ 《监察院及监察委员收受人民书状办法》，《南京市政府公报》第 5 卷第 3 期，1948 年 8 月 15 日，第 70 页。

④ 《苏浙监委行署收受人民书状》，《宁波日报》，1948 年 9 月 24 日，第 3 版。

⑤ 《苏浙监署表示决心 与贪官污吏豪门奸商搏斗 望人民破除情面明辨是非》，《宁波日报》，1948 年 9 月 6 日，第 2 版。

⑥ 《监察法》，《总统府公报》第 52 号，1948 年 7 月 19 日，第 1 版。

续表

案情概况	处理方式	处理结果
行政院善后事业保管委员会高级职员集体贪污	提出纠举案	行政院答复称，该案已由司法行政部转交上海地方法院办理
江苏省松江县县长徐今予滥用职权，非法羁押松江县商会理事长沈琴谱，并多次拒绝松江地方法院的提审	提出纠举案	江苏省政府答复称已将该县长免职，该案涉及刑事部分由松江地方法院继续审理

资料来源：《纠举案统计表》，《监察院苏浙区监察委员行署工作报告》，1949 年 3 月，上海市档案馆馆藏档案，Y4-1-867，第 7 页

表 3-4　苏浙区监察委员行署案件处理情况统计表（1948 年 9 月至 1949 年 3 月）

时间	案件来源	被诉人（机关）	案情概况	处理结果
1948 年 9 月 4 日	人民检举	交警第 18 总队教官季熊飞	唆使部属殴伤邻居	交警第 18 总队将该教官撤职
1948 年 9 月 6 日	人民检举	江苏省地政局测量总队长张德本	虚领俸米浪费公帑	委托江苏省地政局将俸米追缴归库，并委托江苏审计处审核测量总队的经费报销情况
1948 年 9 月 6 日	人民检举	江苏省金坛县县长严懿男	纵容下属，滥抽壮丁，贪污舞弊，妨害兵役	江苏省政府将该县长撤职
1948 年 9 月 9 日	人民检举	国民党中央党员通讯局	强占民宅	移交首都高等法院办理
1948 年 9 月 14 日	人民检举	江苏省江阴县警察局局长张允中	任用私人贪污违法伪造证件	委托江苏省保安司令部对该局长严加处分，并移交江阴地方法院办理
1948 年 9 月 23 日	人民检举	上海市虹口区区长黄芝宇	强占民房，图谋挪移公款，囤积物资	委托上海市民政局，会同上海地方法院彻查该区账目
1948 年 9 月 30 日	人民检举	江苏省财政厅厅长奚炎	破坏人事制度，擅自撤换高级职员	委托江苏省政府依法查办
1948 年 10 月 2 日	人民检举	浙江省临海县国税稽征局局长骆正葵	违法渎职，克扣员工遣散费	委托财政部浙江国税局依法查办
1948 年 10 月 12 日	人民检举	工商部上海商品检验局蚕丝股主任陈文沛	未依法公开标售样品，擅自处理价款，迫使部属离职	委托工商部对该主任予以处分并调整人事
1948 年 10 月 22 日	人民检举	江苏省吴县税捐处处长傅伯儒	勾结行商漏税舞弊伪造账册	委托江苏省政府对该县税捐处进行彻底整顿，并移交吴县地方法院办理
1948 年 10 月 23 日	人民检举	上海市静安区区长金德寰	保管壮丁安家费舞弊，扣留壮丁户口和米票	委托上海市政府依法查办

续表

时间	案件来源	被诉人（机关）	案情概况	处理结果
1948 年 10 月 28 日	人民检举	江苏省松江县积谷仓保管委员会	挪用积谷，久不偿还，有图利嫌疑	委托江苏省政府依法查办
1948 年 10 月 30 日	人民检举	浙江省江山县县长郑颂之	假借职权诬陷他人	委托浙江省政府依法查办
1948 年 10 月 31 日	人民检举	江苏省海门县县长佟子实	挪移公物营私舞弊	委托江苏省政府依法查办
1948 年 11 月 8 日	人民检举	浙江省玉环县国税稽征办公处主任张盘孙	查获私糖受贿舞弊	委托财政部浙江国税局对该主任予以行政处分
1948 年 11 月 18 日	监察院交办	江苏高等法院	非法传讯忽视人权	拟具调查报告，呈送监察院核办
1948 年 11 月 22 日	人民检举	上海地方法院刑庭推事祝华平	违法审判偏袒舞弊	移交上海高等法院办理
1948 年 11 月 27 日	人民检举	上海市社会局工人福利委员会科长徐霖	舞弊偏袒造成工潮	委托上海市社会局依法查办
1948 年 11 月 29 日	人民检举	杭州高等特种刑事法庭	不据事实胡妄起诉冤屈良善	监察院训令杭州高等特种刑事法庭应审慎办案
1948 年 11 月 30 日	人民检举	淞沪警备司令部稽查处处长路鹏	诈欺未成，滥用权威羁押，非刑拷打	委托国防部受理原告顾海鸣对该处长的控诉
1948 年 12 月 10 日	人民检举	中央银行	中央银行“存兑黄金分发申请书”的经办人员徇情失职	委托中央银行对失职人员严加处分，已获中央银行答复准予照办
1948 年 12 月 12 日	人民检举	浙江省定海县金榭区区长张逸章	教唆卫士杀人	移交定海地方法院办理，对该区长依法起诉
1948 年 12 月 27 日	接管旧案	江苏省青浦县县长刘劲	浮收赋谷，滥押无辜，吞没敌伪物资	委托江苏省政府依法查办
1948 年 12 月 27 日	人民检举	江苏省青浦县警保大队长王嘉良	利用警保大队空额，冒领粮饷，营私经商，查获证据	委托青浦县政府彻查警保大队粮饷账目
1948 年 12 月 30 日	人民检举	司法行政部上海监狱看守所	看守金良暴死，死因不明	经司法行政部法医所检验，该看守系因支气管炎病发死亡，不予置议
1949 年 1 月 3 日	自行调查	中央银行	违抗“代总统”李宗仁的命令，将库存的黄金、白银南运	中央银行答复称，国库金银早已停止南运，现有库存金银足够应付需要，且之前运往地点为台湾、厦门、福州等地，均系国内，免予置议
1949 年 1 月 16 日	人民检举	昆山地方法院院长祝宗海	借款图利任用亲属	移交江苏高等法院办理

资料来源：《监察院苏浙区监察委员行署工作报告》，1949 年 3 月，上海市档案馆馆藏档案，Y4-1-867，第 4-6 页

从表 3-3 可以看出，苏浙区监察委员行署提出的纠正案最终被行政院

接受，两件纠举案分别移送司法机关处理，涉案人已被免职。而从表 3-4 可以看出，另外 28 件案件大多是由苏浙区监察委员行署委托其他机关或呈报监察院进行处理，其中大部分案件并无实质性的结果。此外，还有一些案件涉及国民党政权的高级官员，主管机关慑于权势，往往不能秉公处理，致使案件久拖不决。例如，苏浙区监察委员行署曾主动调查中央银行违令将国库金银南运一案，由于该案事涉国民党总裁蒋介石，在听取了中央银行敷衍式的答复之后，行署即认为“尚无不合”，最终决定“免予置议”。就地域分布而言，在苏浙区监察委员行署查办的 31 件案件中，属于江苏省范围内者共有 12 件，浙江省有 6 件，上海特别市有 11 件，南京特别市有 2 件。

1949 年 1 月 26 日，行政院决定迁往广州办公，部分监察委员和立法委员也南下前往广州。1 月 31 日，苏浙区监察委员行署委员庆深庵因长期重病缠身，又出于对时局的悲观和绝望，在从上海赴广州的途中自杀身亡，监察院全院上下都为之震惊。①2 月 19 日，监察院会议补选金越光继任苏浙区监察委员行署委员。由于大部分的监察委员和立法委员都反对“中央政府”南迁，行政院又迁回南京办公，力主南迁的行政院院长孙科于 3 月 11 日宣布辞职。

随后，苏浙区监察委员行署委员倪弼、喻培厚、金越光联合何济周等 11 名监察委员，对孙科提出纠举，理由是孙科在 1949 年 2 月擅自支用行政院院长“机密费”达 1 亿 1 千万元，全部存入私人账户或商业账户，“凭藉权位……化公为私，事实已臻明确”。②3 月 16 日，纠举案送达监察院，经监察委员黄宝实、陈庆华、王枕华、褚寿康等审查成立。3 月 18 日，苏浙区监察委员行署正式公布了对孙科的纠举书，其中指出，“孙科身居首揆，悍然不顾一切，妄支巨额国币，化公为私，实为全国公教人员莫大之耻辱，即应咨请总统严予处分，立即追回全部公款。其贪污渎职罪行，并应送交司法机关，依法诉究，以彰法纪，而肃政风”。③此案曾轰动一时，但孙科在辞职后不久即前往广州，当年 5 月又赴香港“就医”，并未受到任何惩处。

1949 年 3 月 26 日，王向辰、金越光、刘平江当选为苏浙区监察委员行署第二届委员。此时，南京国民政府的统治行将崩溃，监察院的全体职员于当年 1 月下旬从南京疏散到上海，苏浙区监察委员行署的工作人员也“纷纷要求给费疏散”。因经费困难，苏浙区监察委员行署只得向中央银行

---

① 《监委庆深庵赴穗途中逝世》，《申报》，1949 年 2 月 4 日，第 2 版。

② 《动支国帑一亿一千万元 纠举孙科案成立 监委请严处分并予诉究》，《申报》，1949 年 3 月 19 日，第 1 版。

③ 《苏浙监署在沪公布孙科妄支纠举书》，《宁波日报》，1949 年 3 月 19 日，第 2 版。

借款 150 万元，其中发给职员疏散费共 90 余万元，剩下的 50 余万元用于垫付此前的超支费用。[①]监察院规定各监察委员行署两届委员的交接日期为 1949 年 7 月 15 日，但在当年的 4 月，国民党政权撤往广州，苏浙区监察委员行署的第二届委员未能上任，行署随后撤销。

（三）案例分析：苏浙皖区接收处理敌伪物资清查团在上海

1. 清查团成立经过

抗战胜利后，“各地接收情形，颇为混乱，社会人士，责言纷起”。[②]1946 年 3 月 13 日，国民党第六届中央监察委员会第二次会议通过了李敬斋等 68 人提出的《请派员分赴各地清查接收敌伪物资真象案》。随后，监察院会同中央监察委员会秘书处制定了《清查接收敌伪物资办法》。4 月初，第四届国民参政会第二次会议通过了《组织接收工作调查团要点》。6 月 1 日，经中央监察委员会、监察院、国民参政会三方共同商定的《清查接收处理敌伪物资办法》和《接收处理敌伪物资工作清查团组织规则》分别呈送国民政府核准。6 月 18 日，国民政府主席蒋介石指令国防部和司法行政部切实协助清查工作，行政院也通令各省市政府对清查团的工作随时提供便利。[③]

《接收处理敌伪物资工作清查团组织规则》规定，清查团按地域划分为苏浙皖、湘鄂赣、粤桂、冀察热绥、鲁豫、闽台、东北 7 个区，每个区又分设若干组。苏浙皖区清查团团长由国民党中央监察委员会常务委员、国民政府行政法院院长张知本担任，该团第一组负责上海、杭州方面的清查工作，由张知本兼任组长，江苏监察使程中行，监察院监察委员范争波、张庆植，国民参政会参政员吴望伋担任委员。

1946 年 7 月 20 日，苏浙皖区清查团第一组（以下简称清查组）的成员全部抵达上海，24 日，清查组在江苏监察使署驻地召开了第一次委员会议，通过了如下工作程序：①布置办公场所，调聘人员，分组办公；②搜集清查资料；③对资料进行审查；④进行相关调查；⑤决定处理办法；⑥拟具报告。[④]随后，清查组从江苏监察使署、国民党上海市党部等处调用了一批熟悉上海情形的工作人员，7 月 25 日，清查组在上海仁记路中国银行大楼正式

---

① 《监察院苏浙区监察委员行署工作报告》，1949 年 3 月，上海市档案馆馆藏档案，Y4-1-867，第 13 页。

② 监察院编印：《监察院施政概要》（1），1947 年 5 月，第 8 页。

③ 《清查团组织经过》，见接收处理敌伪物资工作清查团联合办事处编：《接收处理敌伪物资清查团工作总报告》，1947 年，第 1-2 页。

④ 《苏浙皖区清查团工作报告》，见接收处理敌伪物资清查团联合办事处编：《接收处理敌伪物资清查团工作总报告》，1947 年，第 4 页。

开始办公。

2. 清查工作概况

清查组设置了“密告箱”，接受民众的检举控告，江苏监察使署还将此前收到的有关接收工作舞弊情形的人民书状全部转交给清查组。[①]7 月 27 日，清查组在江苏监察使署召开了第二次委员会议，会议决定为勤求民隐、便于清查起见，将定期召集上海市各机关团体负责人及新闻界人士谈话，并决定每日上午分别在江苏监察使署驻地和中国银行办公处接受民众的当面呈诉。[②]8 月 3 日，张知本率清查组全体成员在上海总商会接见商会理事、监事、各商业同业公会理事长及各报社记者，听取工商界和新闻界人士对清查接收工作的意见。江苏监察使程中行在致词中表示：“清查团来清查接收工作，是因为接收工作的失败，接收的没有弄好，是因为没有和人民的力量合作，清查团工作如果没有人民合作也要失败的。所以现在清查团很虚心很诚恳的请求人民合作。”[③]随后，上海市织带业公会、机染纱布业公会、橡胶业公会、轮船业公会的代表相继发言，指出了接收工作的诸多弊端，均由清查组的工作人员记录在案。

清查组成员的“开放”姿态取得了一定的效果，7 月 25 日至 9 月底，清查组共收到民众的检举控告 314 件。对于民众的呈诉事件，清查组派员进行调查取证，其中涉及公务人员违法失职行为的案件，分别移送江苏监察使署或转呈监察院办理，涉及刑事部分移交司法机关处理。自 7 月 28 日起，参加敌伪物资接收的各机关团体陆续提交了工作报告，清查组分别进行审查，如有疑问，就调阅原始接收清册加以核查，或派员赴接收机关查勘。对于涉及重要案件或内容较为繁杂的接收清册，清查组均请审计部上海审计处协助审查。截止到 9 月底，在上海市参加接收的 89 个机关团体中，共有 85 个单位向清查组呈送了工作报告，另有 4 个单位报送了原始接收清册。此外，清查组还接到民众举报，称部分接收机关管理不善，导致大批库存敌伪物资被盗，接收的工厂大多迟迟未能复工。对此，清查组会同行政院上海区敌伪产业处理局进行了实地调查，由清查组委员吴望伋、张庆植负责查勘工厂，程中行、范争波负责查勘仓库及房屋纠纷。清查组先后调查了 4 个工厂和 10 处仓库，“结果所有接管工厂，多已复工，仓库物资，

---

① 《接收工作清查团沪杭组一行抵沪》，《时事公报》，1946 年 7 月 24 日，第 2 版。

② 《敌伪物资清查团在沪听取各界意见 并决定接受人民面诉控案》，《时事公报》，1946 年 7 月 28 日，第 3 版。

③ 石：《向接收工作清查团进一言》，《经济周报》，第 3 卷第 6 期，1946 年 8 月 8 日，第 3 页。

亦大部出清，其情形尚不如外间所传之甚”。[①]

9月9日，张知本和清查组的部分成员先行离开上海，抵达杭州，开始进行杭州方面的清查工作。[②]至9月30日，苏浙皖区清查团在上海的清查工作结束，前后共历时69天。12月15日，接收处理敌伪物资工作清查团联合办事处在南京召开工作检讨会议，程中行作为苏浙皖区代表参加会议。在会议上，各清查团团长报告了本区清查工作的情况，与会者一致认为，对于清查工作中发现有贪污舞弊行为的公务人员，务必呈请国民政府依法严惩，以肃纲纪。会议决定将各清查团的工作经过及有关建议汇编成总报告，呈送国民政府，以供参考。[③]

苏浙皖区清查团的工作报告分组编写，在第一组上海方面的报告中，对接收工作提出了三点意见：①国民政府接收敌伪物资的政策失当。清查组认为，在抗战期间，“工厂被摧毁殆尽，人民皆颠沛穷困”，因此，“政府接收敌伪之物资，自应尽量利用以扶持工商之复兴和拯救人民之痛苦，似不宜以此项接收物资，冀为平衡政府财政收支之需”。②各接收机关组织散漫。仅上海市参与接收工作的机关团体就多达89个，彼此之间缺乏联系，各自为政，职责不明，相互争执，结果造成了接收过程中的纷扰和无序。③接收处理工作过于迟缓。因各接收机关管理不善，接收物资有的被隐匿盗卖，有的则发霉腐坏，未能充分利用。而部分接收过来的工厂未能及时复工，“生产衰落，物价因之腾贵，人民生活，益不堪其苦”。[④]

3. 评析

江苏监察使署参加苏浙皖区接收处理敌伪物资工作清查团是监察院交办的特定事项调查任务。在上海地区的清查过程中，江苏监察使署的工作人员熟悉地方情形，承担了大部分的工作，发挥了重要的作用。但是，有时论指出：“清查团两个月以来的工作，并没有达到国民党当局掩饰其贪污腐败，挽回已失人心的预期目的，相反的，倒是再一次的出了丑。”[⑤]这样的结果折射出监察院分区监察制度在南京国民政府统治后期运作的困境。

（1）行政监察机关在国民党的政权体系中处于相对边缘和弱势的地

---

① 《苏浙皖区清查团工作报告》，见《接收处理敌伪物资清查团工作总报告》，1947年，第4-5页。

② 《清查团一行昨抵杭 着手清查接收物资》，《时事公报》，1946年9月11日，第2版。

③ 《敌伪物资清查团举行工作检讨会议 推员编辑工作总报告》，《时事公报》，1946年12月16日，第3版。

④ 《苏浙皖区清查团工作报告》，见接收处理敌伪物资清查团联合办事处编：《接收处理敌伪物资清查团工作总报告》，1947年，第5页。

⑤ 蓝芸夫：《接收工作清查团实情》，《人民日报》，1946年9月29日，第4版。

位，难以保障监察工作人员有效行使职权。苏浙皖区清查团第一组除组长和委员外，仅有秘书 1 人，职员 8 人，且均系临时调用，在两个月的时间内，共处理公文 700 余件，调查案件 314 件，“其迅速殆非经常机关百数十人积日累月不能办理”。[①]对此，曾有时论指出：“清查团一共就只有这几个人，而且也并非个个都是腰挂‘上方宝剑’能够‘先斩后奏’的人物，上海的机关是那么多，而且‘接收’一年，事过境迁，叫这些清查团里的人员又如何‘清查’？这无非是中央因为民间对于‘接收’的工作太不满，所以就特地设立这么一个机关来敷衍一下的……。”[②]南京国民政府是一个集权的政府，在其内部行政权力不断膨胀，当政者不愿也不会将能够有效监督和制约行政机关的实权赋予监察机关。因此，虽然社会舆论一直呼吁清查团“能够不仅只在消极方面注意接收工作人员的贪污舞弊，同时更能积极地起来纠正目前还在进行的‘接收工作’，敌伪产业处理工作上的错误”，[③]但有责无权的清查团只能在工作报告中委婉地指出，“政府于接收处理之政策，似有失当”。[④]

（2）由于行政监察体制的运行成效不彰，监察机关的社会威望日益下降。苏浙皖区清查团在上海期间，有民众举报称上海市政府倒卖接收物资，涉案金额高达 42 亿元法币。但由于案件涉及上海市政府前任市长钱大钧和现任市长吴国桢，清查团不敢依法查处，直到清查工作结束后，该案的调查报告仍然“略而未印，详在存卷”。[⑤]在清查团收到的检举密告信函中，以揭发第三方面军接收舞弊情形的最多，由于事涉军方，清查团只能呈请国民政府转交国防部处理，其结果可想而知。

在接收处理敌伪物资清查团成立之初，曾有时论指出：“这次贤明的清查团诸公，不远千里而来沦陷各区……所负的责任一定很大。要拯救水深火热的老百姓，要铲除一群没有良心的贪官污吏，要检举一切隐匿敌伪的产业物资，要严格处罚发胜利财或国难财的官吏和奸商。这是中央派来调查的使命，同时也是民众对于中央政府和贤明的领袖之期望。”[⑥]而后来清

---

① 《苏浙皖区清查团第一组工作检讨》，见接收处理敌伪物资清查团联合办事处编：《接收处理敌伪物资清查团工作总报告》，1947 年，第 77 页。

② 石：《庆贺“接收”一年并送“接收清查团”离沪》，《经济周报》第 3 卷第 11 期，1946 年 9 月 12 日，第 3 页。

③ 石：《向接收工作清查团进一言》，《经济周报》第 3 卷第 6 期，第 3 页。

④ 《苏浙皖区清查团工作报告》，见接收处理敌伪物资清查团联合办事处编：《接收处理敌伪物资清查团工作总报告》，1947 年，第 5 页。

⑤ 《苏浙皖区清查团工作报告》，见接收处理敌伪物资清查团联合办事处编：《接收处理敌伪物资清查团工作总报告》，1947 年，第 5 页。

⑥ 公正：《国民对于清查团之期望》，《建国公论》，1946 年第 1 卷第 1 期，第 4 页。

查工作的结果并不符合社会预期，民众和舆论除了对南京国民政府的当政者更加失望外，也迁怒于有职无权的清查团。苏浙皖区清查团离开上海以后，即有舆论指称，清查团在上海两个月的工作，只不过是“收了一大堆密件”“作了收音机”。[①]更有时论指出：“现在的清查团，都是监察机关派出来的，司法独立不用去说，行政方面也无权力指挥，单靠调查，效力能有几何？如何能够符合人民所抱那么大的希望？”[②]可以说，接收敌伪物资清查工作的“无果而终”正是监察院分区监察制度运行举步维艰的真实写照。

---

① 陈霞飞：《接收清查团怎样打发在上海的五十天》，《文萃》，1946年第47期，第25页。

② 思招：《清查团》，《礼拜六（复刊）》第44期，1946年9月21日，第1页。

第四章 监察院分区监察制度的运作（二）：两湖监察使署

一、稳定运作时期：1935~1937 年

（一）综述

1. 视察与调查

1935 年 4 月 6 日，国民政府任命高一涵[①]为监察院湖南湖北监察区[②]监

① 高一涵（1885-1968 年），安徽六安人，早年毕业于安徽省立高等学堂，后赴日本留学，入明治大学政治科学习，获政治学学士学位，于 1925 年加入国民党。历任国民革命军总司令部编译委员会主任委员、宣传科代科长，国民党安徽省党部执行委员兼宣传部长，监察院监察委员、专门委员、湖南湖北监察区监察使、甘肃宁夏青海监察区监察使，“制宪国民大会”代表。曾执教于北京大学、上海法政学院和中国公学，并担任过《晨钟报》《新青年》《每周评论》《努力周报》《现代评论》《甲寅日报》《宪法公言》等报刊的编辑和撰稿人。南京国民政府监察院成立以后，高一涵被任命为首届监察委员，后来又相继担任了监察院湖南湖北监察区监察使、甘肃宁夏青海监察区监察使，监察院专门委员等要职，长期从事行政监察工作。在监察院任职期间，高一涵通过深入的理论研究和广泛的实践探索，形成了独具特色的监察思想。1949 年以后，曾任南京大学教授、政治系主任、法学院院长、校务委员会委员，江苏省人民政府参事、司法厅厅长，民盟江苏省委副主委兼组织部长，江苏省政协副主席、全国政协委员。

② 1947 年 6 月，湖北省省辖市汉口市改为行政院直辖市，仍属两湖监察区。

察使。高一涵认为，“监察使既系新置之官职，而使署亦为创设之机关，一切设施，不可不早作充分之准备”。4 月 29 日，高一涵在监察院宣誓就职，自 5 月 1 日起，高一涵开始遴选两湖监察使署的工作人员，“一面着手于组织之进行，一面从事于物品之备办，并另派妥员至鄂，布置设署事宜”。[①]随后，高一涵又亲赴湖北选定两湖监察使署的办公地点。6 月 12 日，两湖监察使署正式成立，在武昌县候补街 26 号设署办公。

1935 年 6 月中旬，高一涵甫一上任就秘密前往武汉周边的孝感、咸宁、蒲圻、汉阳、嘉鱼等县，考察地方政府的施政情形，了解人民疾苦。6 月 30 日至 7 月 6 日，高一涵与两湖监察使署秘书谢芸皋、调查科科长安梦周等，前往湖南省会长沙，考察湖南省政，逐日视察民政、财政、教育、建设各厅及湖南高等法院、长沙地方法院等处，“尤注意于地方捐税及人民负担之访察，并随时随地搜取事实证据，以作整个兴革之建议”。[②]10 月 20 日，高一涵再次前往湖南视察，21 日到达长沙，出席湖南省政府举行的“总理纪念周”，并发表了题为“监察权行使之范围”的演讲。随后，高一涵视察了湖南省政府各机关。22 日，高一涵赴湖南高等法院及湖南省第一监狱视察，23 日至 27 日，又先后前往浏阳县、长沙市、长沙县、衡阳县、衡山县等地，考察地方政府的施政情形，视察地方法院、监狱、看守所。29 日，高一涵结束视察返回武昌驻地，在此次出巡期间，随行的两湖监察使署调查人员共调查了数十起案件，并将所获证据、资料携带回署，分别办理。[③]

两湖监察使署成立之时“适值夏汛水涨时期”，水利堤防“关系国计民生，至为重大”，因此，两湖监察使署的工作人员“对湖北湖南两省之防汛事宜，即予以极端之注意”。[④]1935 年 6 月下旬，长江中游地区连降暴雨，江河水涨。6 月 24 日，根据报章所载，武昌沿江的武丰堤发现裂痕，高一涵得知后立即派调查科科长安梦周前往调查。25 日，安梦周亲自沿武丰堤查看，果然在堤坝上发现了数处裂缝，随后，安梦周拟具调查报告呈送高一涵，称“今堤身既有裂痕发现，当此夏季水涨之时，为未雨绸缪计，堤

① 《本署呈监察院呈报本署自五月一日起着手筹备情形祈鉴核备案由（1935 年 6 月 12 日）》，见《监察院湖南湖北监察区监察使署二十四年度年刊》，1937 年 2 月，湖北省档案馆馆藏档案，LSA2.5-6，第 96 页。

② 《每月份工作报告摘要——二十四年七月份》，见《监察院湖南湖北监察区监察使署二十四年度年刊》，1937 年 2 月，湖北省档案馆馆藏档案，LSA2.5-6，第 426 页。

③ 《每月份工作报告摘要——二十四年十月份》，见《监察院湖南湖北监察区监察使署二十四年度年刊》，1937 年 2 月，湖北省档案馆馆藏档案，LSA2.5-6，第 433 页。

④ 《监察院湖南湖北监察区监察使署工作概况》，《监察院公报》，1935 年第 58 期，第 10 页。

工之注意防护，似属不可稍疏”。[①]26 日，两湖监察使署致函湖北省建设厅，告知上述情况，29 日，建设厅复函称已令省会防水委员会派员前往查勘，并由下属工程队对该处堤坝进行修复、加固。7 月 8 日，两湖监察使署接到民众报告，称湖北沿江新堤堤坝漏水，有溃决的危险，遂致函湖北省建设厅请其注意。10 日，建设厅复函称已呈请湖北省政府转告国民政府经济委员会下属的江汉工程局，严查新堤工程是否存在偷工减料等舞弊情形，并由该局工务所对漏水堤坝进行抢修。[②]

7 月 9 日至 19 日，在高一涵的带领下，两湖监察使署的工作人员全体出动，分赴武汉地区的各处沿江堤坝，查看、督促抢险救灾情形，并与当地政府往返行文，促其注意。20 日，高一涵陪同国民政府赈务委员会委员长许世英，乘飞机查看了湖北省汉阳、沔阳、嘉鱼、监利、公安、石首、江陵、潜江、天门、汉川等县的受灾情况。21 日至 23 日，因武昌沿江的武惠堤、汉口沿江的张公堤等处堤坝直接关系武汉市区百万民众的生命财产安全，高一涵又“迭次亲往察勘督促，并随时派员调查，卒因军警及地方官民，抢救努力，得以转危为安”。[③]随后，两湖监察使署将此次抢险救灾工作中的有功人员及失职人员呈报监察院，呈请国民政府分别予以褒奖或惩处。8 月 7 日，两湖监察使署总结此次查灾勘灾工作的经验，拟定了《查勘防水救灾之办法大纲》十条，呈送监察院，以供参考。[④]8 月 28 日，高一涵赴南京参加监察院第 33 次会议，报告了两湖监察使署参与此次抢险救灾工作的情况，监察院院长于右任随后发表讲话，称“各监察使兹次奉派工作，均能深入民间，不避辛苦，使人民对监察制度与监察院工作之精神，得一认识，至堪嘉许——尤于各省救灾工作之不联系者从而联系之，责任之不明确者从而明确之，此其所关，实为钜大”。[⑤]

此次长江中游发生的严重水灾，湖北省共有 51 个县市、湖南省有 37 个县市受灾，两省灾民共计达 1 000 多万人，其中死亡者在 10 万人以上。水灾过后，两湖监察使署派工作人员分赴各地查看受灾情形，拟

---

①《本署函湖北省政府建设厅请将武昌武丰堤发现裂痕一段派员查勘预防由（1935 年 6 月 26 日）》，见《监察院湖南湖北监察区监察使署二十四年度年刊》，1937 年 2 月，湖北省档案馆馆藏档案，LSA2.5-6，第 247-248 页。

②《本署函湖北省政府建设厅为新隄沿堤漏水崩溃堪虞请查照由（1935 年 7 月 8 日）》，见《监察院湖南湖北监察区监察使署二十四年度年刊》，1937 年 2 月，湖北省档案馆馆藏档案，LSA2.5-6，第 249 页。

③《监察院湖南湖北监察区监察使署工作概况》，《监察院公报》，1935 年第 58 期，第 10 页。

④《本署代电监察院电呈本署暂定查勘防水救灾之办法大纲并抄附查勘湖北汉阳情形报告暨为防水救灾致两省政府主席代电请鉴核示遵由（1935 年 8 月 7 日）》，见《监察院湖南湖北监察区监察使署二十四年度年刊》，1937 年 2 月，湖北省档案馆馆藏档案，LSA2.5-6，第 382-383 页。

⑤《监察院第三十三次会议纪录》，《监察院公报》，1935 年第 57 期，第 33-35 页。

具了详尽的调查报告，呈送监察院并转呈国民政府，为善后救灾工作提供参考。

1936年2月，高一涵根据上年水灾的教训，函呈监察院，请求提前勘察两湖地区的水利堤防，并督促各级地方政府预防灾变，监察院随后复函同意，并指令其他各监察区监察使参照高一涵的建议，检查本监察区的防灾工作。2月29日，高一涵又电呈监察院，提出了勘察水利堤工的三项办法：①“省政府为省之最高行政机关，其对于全省堤工，自有通盘之策划……至各级负有地方及水利责任人员，必须尽职于平时，方免贻误于临事，兹值堤工紧迫，尤须急速以图，是宜督促加严以唤起其注意”。两湖监察使署于2月11日致电湖北、湖南两省政府和江汉工程局查询防灾工作情况，均获答复。②两湖监察使署对本监察区内的各处水利堤防，除随时派员进行实地勘察外，还派专人负责调查，监察使本人亦亲自出巡，察勘重要工程。③“各处办理堤工，尤其对于工赈，究竟有无失职误工，有无违法舞弊，均须格外严密考察”，两湖监察使署对于此类问题，“均予格外加意处理，以期各处能少一分流弊，即为工程多促一分进行”。[①]3月6日，监察院电令各监察使，称高一涵所提的三项办法“实事求是，足供各区之参考”，各监察使署应“参酌各该区水利堤工情形，切实注意”。[②]

1936年3月9日，高一涵偕同国民政府经济委员会水利处副处长郑肇经、湖北省政府委员范熙绩等，前往湖北省钟祥县视察襄河[③]堤防工程。3月18日，高一涵拟具报告呈送监察院，阐述了钟祥襄堤地位之重要和工程之浩大，指出了工程面临的困难和存在的问题，请求国民政府迅速拨款予以补救。[④]随后，监察院将该报告转送行政院，4月10日，行政院答复称财政部已为钟祥襄堤工程追加拨款50万元法币，并会同湖北省政府督促工程及早完工。[⑤]3月下旬，两湖监察使署又派参赞彭运斌赴湖南调查该省水利堤防工程的近况，调查结束后，彭运斌拟具报告呈送高一涵审阅，4月

① 《本署代电监察院电呈报本署近来对于水利堤防注意监察情形由（1936年2月29日）》，见《监察院湖南湖北监察区监察使署二十四年度年刊》，1937年2月，湖北省档案馆馆藏档案，LSA2.5-6，第384页。

② 《本院代电各区监察使仰参酌采行两湖监察使署详陈预察水利堤工三办法（1936年3月6日）》，《监察院公报》，1936年第71期，第66页。

③ 汉江流经襄阳以后，被下游的民众称为“襄河”，系汉江的区域性别称。

④ 《监察使高一涵呈报视察湖北钟祥襄堤情形（1936年3月18日）》，《监察院公报》，1936年第75期，第35-40页。

⑤ 《监察院训令（第八四三号）》，见《监察院湖南湖北监察区监察使署二十四年度年刊》，1937年2月，湖北省档案馆馆藏档案，LSA2.5-6，第390页。

22 日，两湖监察使署将该报告呈送监察院备查。[①]

1936 年 4 月中旬，高一涵率两湖监察使署的工作人员自汉口出发，溯江而上至湖北沙市，视察沿江堤防，所到之处，均亲自上堤，实地勘察工程进展情形。高一涵在视察中发现，有部分原属于各县政府管辖的沿江堤坝（称为民堤）地位极其重要，应升格为干堤，分别交由江汉工程局和荆江堤工局管辖，并由湖北省政府拨款维修。5 月 4 日，高一涵呈文监察院，提出应将湖北省荆门县属的黄瓦堤、江陵县属的阴湘城堤及其外堤、武昌县属的武惠堤等堤坝升格为干堤。5 月 13 日，监察院将高一涵的建议转交行政院办理。6 月 15 日，行政院答复称，国民政府经济委员会已同意将上述民堤升格为干堤，自本年度起由江汉工程局负责防护和维修，并令该局酌情拨付相关的防汛材料。[②]

1936 年 5 月下旬，长江汛期到来，襄河水位逐日上涨，5 月 26 日，钟祥襄堤溃决，两湖监察使署得知消息后，于 6 月 4 日致函湖北省政府查询有关情况。6 月 20 日，湖北省政府秘书处函复两湖监察使署，告知钟祥襄堤溃决的详情及各县的受灾情况，并随附湖北省政府拟定的《钟祥遥堤善后工程进行办法》一份，以供参考。[③]此后，两湖监察使署与钟祥襄堤工程的主管机关和当地政府往返行文，一直密切关注该工程的堵口修复及善后救灾情况。

此外，两湖监察使署为全面了解本监察区的政治、经济、社会状况，还对下列事项进行了调查：①现任各级公务员的基本情况；②各地田赋征收及苛捐杂税情况；③各处监狱及看守所状况；④各地仓储积谷情况；⑤各地教育概况；⑥各县县志的编纂情况。[④]上述各类事项的调查结果，均由两湖监察使署调查科汇编成调查报告，并制作了各种调查统计图表，分别存档，然后呈送监察院备查。

2. 弹劾

1935 年 6 月至 1936 年 6 月，两湖监察使署共收到人民书状 1 288 件，

---

①《本署代电监察院为抄呈本署参赞彭运斌调查湖南省水利堤防最近状况报告书祈鉴核备查（1936 年 4 月 22 日）》，见《监察院湖南湖北监察区监察使署二十四年度年刊》，1937 年 2 月，湖北省档案馆馆藏档案，LSA2.5-6，第 392 页。

②《监察院训令准行政院咨以准全国经济委员会函复湖北黄瓦等堤应分别收作干堤并先拨防汛材料一案情形请查照等由令仰知照由（1936 年 6 月 19 日）》，见《监察院湖南湖北监察区监察使署二十四年度年刊》，1937 年 2 月，湖北省档案馆馆藏档案，LSA2.5-6，第 400-401 页。

③《监察院湖南湖北监察区监察使署关于遥堤拦水坝及第四工段溃决修复及灾情救济详情的公函及湖北省政府的公函（1936 年 6 月）》，湖北省档案馆馆藏档案，LS1-5-0801-012。

④《二十四年份工作成绩报告》，见《监察院湖南湖北监察区监察使署二十四年度年刊》，1937 年 2 月，湖北省档案馆馆藏档案，LSA2.5-6，第 460-464 页。

并对其中的 603 件进行了调查，再加上监察院交办的案件，共计调查案件 689 件，其中“派查”120 件，“行查”569 件。[①]在监察院分区监察制度实施前的 1934 年，监察院全年共收受人民书状 2 741 件，调查案件 1 141 件，其中“派查”124 件，“行查”1 017 件。[②]两者相较，可以看出监察院分区监察制度运行一年来已初见成效。

1935 年 7 月至 1937 年 1 月，两湖监察使署共提出弹劾案 73 件，被弹劾者共有 118 人（表 4-1）。从弹劾案件的地域分布来看，被弹劾人的任职地点属于湖南省者共有 63 人，湖北省有 59 人。被弹劾人多为荐任职或委任职的公务人员，其中以各类行政人员最多，共有 93 人，包括 23 名前任和现任的县长，此外，军警人员有 20 人，司法人员有 9 人。在 1935 年的下半年，由于大部分案件尚在调查取证阶段，两湖监察使署仅提出了 6 件弹劾案。1936 年，两湖监察使署全年共提出弹劾案达 67 件，而监察院 1936 年度的弹劾案件总数为 229 件（表 4-2）。可见，在成立初期，两湖监察使署行使监察权的效率是相当高的。

表 4-1　两湖监察使署弹劾案件统计表（1935 年 7 月至 1937 年 1 月）

提案时间	被弹劾人	弹劾理由	审查结果
1935 年 7 月 26 日	湖南省长沙地方法院候补推事李向荣	违法审判	成立并移送惩戒
1935 年 9 月 12 日	国民政府经济委员会江汉工程局局长杨思廉，工程师谢先进，督工员钱祖源；湖北省政府荆江堤工局局长徐国瑞；湖北省政府万城堤工局主任吴锦棠	疏忽堤防 酿成灾害	成立并移送惩戒
1935 年 10 月 4 日	湖北省孝感县县长欧阳洪烈	贪污违法 废弛职务	成立并移送惩戒
1935 年 10 月 11 日	湖北省第七区行政督察专员兼江陵县县长雷啸岑（此案予以急速救济处分）	违反法律 滥用职权	成立并移送惩戒
1935 年 10 月 16 日	湖北省汉口地方法院检察官蓝锡九，书记官刘襄	办理案件 违法失职	成立并移送惩戒
1935 年 10 月 24 日	湖南省安化县政府承审员张健	违法失职	成立并移送惩戒
1936 年 1 月 11 日	湖北省黄陂县县长丁铮域	越权违法 任意滥押	成立并移送惩戒
1936 年 1 月 23 日	湖南省益阳县前任县长李欲掌	违法失职 触犯刑事	成立并移送惩戒

① 《监察院湖南湖北监察区监察使署二十四年度调查统计图表汇编（1937 年 2 月）》，湖北省档案馆馆藏档案，LSA2.5-5，第 11-14 页。

② 监察院监察制度编纂处编：《监察制度史要》，南京：汉文正楷印书局，1935 年，第 143 页。

续表

提案时间	被弹劾人	弹劾理由	审查结果
1936年1月29日	湖南省靖县教育局局长龙骧	侵款潜逃 违法失职	成立并移送惩戒
1936年1月30日	湖北省房县县长严式超，县政府检验吏张金锐	违法失职 触犯刑事	成立并移送惩戒
1936年2月5日	湖南省保安第八团团长王见龙	假借权力，故意杀人，违法渎职，触犯刑章	成立并移送惩戒
1936年2月5日	湖北省江陵县第六区永寿乡“联保”主任李振之，“监放”委员熊西赓	侵蚀赈粮 违法渎职	成立并移送惩戒
1936年2月7日	湖南省宁乡县保安大队前任大队长朱鼎三	侵占公款 违法犯刑	成立并移送惩戒
1936年2月8日	湖南省溆浦县前任县长余如愚	违法失职	成立并移送惩戒
1936年2月13日	湖南省宁乡县前任县长、现任临湘县县长赵鸿	假借职权，故意杀人，违法渎职，触犯刑章	成立并移送惩戒
1936年2月17日	湖南省桃源县第八区区长刘成锷，第八区“放赈”专员李正鑫，区公所事务员李正昌	刘成锷、李正鑫玩忽失职，李正昌失职犯刑	成立并移送惩戒
1936年2月17日	湖南省攸县第五区区长刘藜魁	违法渎职 触犯刑事	成立并移送惩戒
1936年2月19日	湖南省长沙县前任县长刘裔彬	贪污渎职	成立并移送惩戒
1936年2月19日	湖南政府民政厅科长王政诗，省会公安局局长周翰	违法失职	成立并移送惩戒
1936年2月20日	湖南省华容县安息垸湖田庄照经理处主任袁锡之，南华查催湖田契税助理陈耀坤	违法渎职 触犯刑章	成立并移送惩戒
1936年2月21日	湖南省常德县税务局局长陈意遐	违法失职	成立并移送惩戒
1936年2月21日	湖北省新隄公安局前任局长蔡笃中	违法渎职	成立并移送惩戒
1936年2月22日	湖北省羊楼峒区营业税局崇通稽征所所长何季豪	违法渎职 触犯刑事	成立并移送惩戒
1936年2月24日	湖南省宁乡县政府财政局前任局长刘宗矩	浮报借款息金，违法失职，触犯刑事	成立并移送惩戒
1936年2月25日	湖北省汉口地方法院登记处主任刘大璋，登记员许秉源	玩忽失职	成立并移送惩戒
1936年2月25日	湖北省孝感县第三区区长严发轫	违法失职 触犯刑事	成立并移送惩戒

续表

提案时间	被弹劾人	弹劾理由	审查结果
1936 年 2 月 26 日	湖南省零陵县政府教育局教育委员罗经	违法失职 触犯刑章	成立并移送 惩戒
1936 年 2 月 27 日	湖南省永兴县第五区区长廖光祖 永兴县第五区区公所助理员曹牧	违法渎职	成立并移送 惩戒
1936 年 3 月 9 日	湖北省通城县县长贾廷申，县政府会计何乾	贾廷申违法失职；何乾违法失职，触犯刑事	成立并移送 惩戒
1936 年 3 月 11 日	湖南省宁远县县长汤日新，县政府前任承审员袁邦彦	汤日新玩忽失职， 袁邦彦滥用刑讯	成立并移送 惩戒
1936 年 3 月 13 日	湖北省当阳县县长熊明春	违法渎职	成立并移送 惩戒
1936 年 3 月 24 日	湖南省衡山县政府前任科员唐克艺	违法犯刑	成立并移送 惩戒
1936 年 3 月 28 日	湖北省沔阳县仙桃镇公安分局局长沈文英	违法渎职，并犯受贿罪嫌疑	成立并移送 惩戒
1936 年 3 月 28 日	湖南省湘阴县前任县长曾晙	玩忽失职	成立并移送 惩戒
1936 年 4 月 25 日	湖南省桃源县第五区区长龙升汉	违法犯刑	成立并移送 惩戒
1936 年 4 月 28 日	湖北省汉阳县第三区碧楼乡“联保”主任邝渭清	违法失职 触犯刑章	成立并移送 惩戒
1936 年 5 月 4 日	湖南省湘岸盐务稽核处第二分区税警第五队队长黄凯	违法失职 触犯刑章	成立并移送 惩戒
1936 年 5 月 23 日	湖南省澧县荣市乡乡长吴植三	凌虐人犯，假权擅杀，违法渎职，触犯刑章	成立并移送 惩戒
1936 年 5 月 26 日	湖北省沔阳县政府田赋征收处北柜征收员 谢藻棠、吴性成	征收舞弊，违法渎职，触犯刑章	成立并移送 惩戒
1936 年 5 月 28 日	湖南省桂东县前任县长奉文晶	滥权羁押，妄施非刑，触犯刑事	成立并移送 惩戒
1936 年 5 月 29 日	湖南省衡阳县县长宋鋆	非法受理，私行拘禁，渎职犯刑	成立并移送 惩戒
1936 年 5 月 30 日	湖南省桃源县县长胡开材，县政府承审员施中谷	判决案件 违法失职	成立并移送 惩戒
1936 年 6 月 8 日	湖北省房县前任县长严式超	田亩浮收，渎职犯刑，以及其他违法失职行为	成立并移送 惩戒
1936 年 6 月 8 日	湖南省常德县第八区区长全浩然	侵占公款 违法犯刑	成立并移送 惩戒

续表

提案时间	被弹劾人	弹劾理由	审查结果
1936 年 6 月 10 日	湖北省保安第二团团长胡协南，留守处主任陈右平	假借职权，私擅捕禁，违法渎职，触犯刑章	成立并移送惩戒
1936 年 6 月 10 日	湖北省鄂岸盐务税警局第 3 队前任队长周之明，第 3 队第 3 分队前任分队长戴尧天	侵占罚款，妨害他人自由，违法犯刑	成立并移送惩戒
1936 年 8 月 29 日	湖南高等法院第三分院院长兼常德地方法院院长钟馥	审理案件违法失职	成立并移送惩戒
1936 年 9 月 10 日	湖北省钟祥县第七区区公所区员胡荫生	非刑勒索聚众殴警	成立并移送惩戒
1936 年 9 月 16 日	湖南省衡阳县前任县长陈颖心，财政局局长万树楷	渎职犯刑	成立并移送惩戒
1936 年 9 月 29 日	湖北省通城县县长贾廷申	违法渎职	与前案合并，补送惩戒
1936 年 10 月 2 日	湖北省广水区营业税局应山县稽征所所长田珍	收受贿赂侵占税款	成立并移送惩戒
1936 年 10 月 3 日	湖北省宜昌县公安局局长金广印，第 3 分局局长陈文进	金广印滥征苛捐，陈文进违法拘押	成立并移送惩戒
1936 年 10 月 6 日	湖南省汉寿县税务办事处前任主任华承亨	违法失职	成立并移送惩戒
1936 年 10 月 7 日	湖北省枣阳县县长张锡典，县政府财务委员会委员长王云阁	张锡典违法犯刑，王云阁违例失职	成立并移送惩戒
1936 年 10 月 9 日	湖南湘潭县县长刘绍諴，花萼乡乡长马汉良，天马乡乡长王德周	违法渎职	成立并移送惩戒
1936 年 10 月 17 日	湖南省华容县税务局局长彭南先，查催员刘承鼎	违法渎职触犯刑章	成立并移送惩戒
1936 年 10 月 17 日	湖北省麻城县第三区区长晏志强，区公所区员李艺圃	晏志强违法渎职，李艺圃违法犯刑	成立并移送惩戒
1936 年 12 月 5 日	湖南省浏阳县第一区区长罗德铭	违法犯刑	成立并移送惩戒
1936 年 12 月 5 日	湖南省耒阳县第四区区长刘秉钧	违法渎职	成立并移送惩戒
1936 年 12 月 5 日	湖南省华容县县长熊宏楷，华容县政府密查员彭续言，科员毛孟常	违法渎职触犯刑章	成立并移送惩戒
1936 年 12 月 11 日	湖北省咸丰县前任县长王建国；县政府财务委员会委员王受安，第二科科长沈瑞霖，屠宰税收税员吕子清，职员刘雄宇，烟灯登记委员刘春如，派往四川省黔江县联络员喻益仁，田赋征收员李楚屏；保安队中队长王兰泽；第二区区长王翔龙	渎职犯刑	成立并移送惩戒

续表

提案时间	被弹劾人	弹劾理由	审查结果
1936 年 12 月 12 日	湖南省省会公安局督察员黄沅甫，平江县邮政局局长张纪万，省政府建设厅视察员刘谷书	伙同伪造文书、印文，侵占公产	成立并移送惩戒
1936 年 12 月 15 日	原任湖北省第七区行政督察专员公署科长、现任江陵县政府科长金锡贤	渎职犯刑	成立并移送惩戒
1936 年 12 月 26 日	湖南省永兴县县长赵宗献	违法失职	成立并移送惩戒
1936 年 12 月 26 日	湖北省监利县第一区区长贺昆山	违法犯刑	成立并移送惩戒
1936 年 12 月 26 日	湖北省潜江县营业税稽征所所长杨金榜	违法失职	成立并移送惩戒
1936 年 12 月 30 日	湖北省枣阳县县长张锡典	违法失职	成立并移送惩戒
1936 年 12 月 30 日	湖南省安乡县县长张余汾	玩忽失职	成立并移送惩戒
1936 年 12 月 30 日	湖北省汉阳县政府公产清理处处长粟伯隆	违法犯刑	成立并移送惩戒
1937 年 1 月 9 日	湖北省沙市区营业税局局长李杰，该局所属荆门县稽征所所长宗霖	伙同贪污违法渎职	成立并移送惩戒
1937 年 1 月 11 日	国民政府经济委员会江汉工程局第 7 工务所主任李疆，第 7 工务所段长兼湖北省潜江县第三区勘堤委员吴典；潜江县第三区黄社乡“联保”主任王贤柏，王湫乡“联保”主任黄孔山	李疆、吴典办理堤工失职；王贤柏、黄孔山违法犯刑	成立并移送惩戒
1937 年 1 月 16 日	湖南省绥宁县第三区区长谭宗璧	滥收调解费用	成立并移送惩戒
1937 年 1 月 30 日	湖北省枣阳县第二区区长丁文容	擅理案件违法犯刑	成立并移送惩戒

资料来源：根据《监察院公报》和《监察院湖南湖北监察区监察使署二十四年度年刊》所载的有关内容综合而成

表 4-2 两湖监察使署与监察院弹劾案件数量对照表（1936 年 1 月至 12 月）

1936 年度	1 月至 6 月	7 月至 12 月	总计
两湖监察使署弹劾案件数量/个	43	24	67
监察院弹劾案件总数/个	148	81	229
两湖监察使署弹劾案件所占比例/%	29.1	29.6	29.3

资料来源：钱端升、萨师炯、郭登皞，等著：《民国政制史》上册，上海：商务印书馆，1945 年，第 277 页；监察院编印：《监察院工作报告》，1937 年 2 月，第 1 页

（二）案例分析：弹劾湖南省衡阳县县长宋鋆案

1. 弹劾案的运作

1936 年 4 月，湖南省衡阳县民妇伍谢氏向监察院呈递书状，控告该县县长宋鋆违法渎职，经监察委员杨谱笙、李嗣璁审核，监察院院长于右任批准，该案交由两湖监察使署调查处理。此前，两湖监察使署已经收到了伍谢氏呈递的内容大致相同的书状，称已就该案向衡阳地方法院检察处提起告诉。由于案件已经进入了司法程序，两湖监察使署遂决定采取“行查”的方式进行调查，向衡阳地方法院检察处发出公函，查询案情。

在收到两湖监察使署的公函以后，衡阳地方法院检察处极为重视，立即将有关情况函复两湖监察使署，并随函附寄该案的起诉书一份。根据起诉书所载，衡阳县商号永丰和庄欠同县万隆号贷款共计法币 16 000 余元，万隆号于 1935 年 12 月将该笔款项捐助给衡阳县修复草桥委员会，并由该会函请衡阳县政府拘提永丰和庄的股东伍崇臣、伍鼎臣，并查封其财产。衡阳县县长宋鋆竟予以受理，并于 12 月 18 日下令拘传伍鼎臣之子伍镇湘到县政府，羁押至 20 日方予交保释放，同月 25 日又派人将伍崇臣拘捕，关押在县政府政警队内，直到次年 4 月 17 日才将其开释。此外，宋鋆还派人将伍崇臣、伍鼎臣等的财产查封，后经伍镇湘之妻伍谢氏向湖南省政府呈诉，省政府主席何健认为衡阳县政府“执行错误”，下令“迅予启封”，宋鋆竟公然违抗命令，拒不执行。衡阳地方法院检察处在给两湖监察使署的复函中指出：“被告（宋鋆）职司行政，其复函本处，亦知明为债务关系，乃权宜受理，将债务人财产查封，甚至滥押债务人至数月之久，又株连其子伍镇湘。”由于宋鋆的行为已经触犯了国民政府颁布的刑法，衡阳地方法院检察处遂决定对其依法提起公诉。①

两湖监察使高一涵认为，伍崇臣、伍鼎臣等与万隆号和修复草桥委员会之间的债务纠纷属于民事诉讼的范围，应当由衡阳地方法院民庭管辖，债务人于“民法上之履行债务责任，纵令赖不偿还，依正当手续，应由法院判令付给，而后强制执行”。而衡阳县县长宋鋆“职司行政，且已明知该案为债务所关，何得假借职权，擅行干预”。而根据衡阳地方法院检察官的侦查结果，“该县长竟予非法受理，私行拘禁，甚且株连他人，事实显然，

---

① 《提劾湖南衡阳县县长宋鋆非法受理私行拘禁渎职犯刑案》，《监察院公报》，1936 年第 88 期，第 18-19 页。

证据充足，殊属违法渎职，触犯刑章”。[①]1936 年 5 月 29 日，两湖监察使署对宋鋆提出弹劾案，并呈请监察院将其依法移送惩戒，该案有关刑事部分，则由衡阳地方法院继续审理。

两湖监察使署弹劾宋鋆的呈文送达监察院之后，交由监察委员杨谱笙、刘成禺、朱宗良三人进行审核。三位委员经过认真审查后提出报告，指出衡阳县既然设有地方法院，“凡属民刑诉讼，均应归其处理，县长职司地方行政，不能侵及法院管辖范围”。而宋鋆身为衡阳县县长“不明责任”，对于商户之间因债务发生纠纷，依法应当由衡阳地方法院判决执行的案件，竟予以非法受理，“私行拘禁，甚至株连他人，是不惟违法渎职，且又触犯刑章”。因此，三位审查委员一致认为应将宋鋆依法移送惩戒，“以儆不法，而肃官常”。[②]至此，两湖监察使署对宋鋆的弹劾案已经正式成立，经监察院院长于右任批准，该案于 1936 年 7 月 3 日以监察院“要字第一号”公文移送中央公务员惩戒委员会办理，并随附两湖监察使高一涵所提弹劾案的原文、三位监察委员的审查报告书及衡阳地方法院检察官的起诉书等。随后，监察院以指令的形式将该弹劾案的审查结果告知两湖监察使署。

1938 年 7 月 11 日，中央公务员惩戒委员会召开了审查会议，共有七名委员出席，于若愚为会议主席，会议对监察院移付惩戒的衡阳县县长宋鋆违法渎职一案进行了审议。此前，衡阳地方法院已对该案作出判决，依法对宋鋆处以罚金法币 200 元，宋鋆对一审判决不服，相继上诉至湖南高等法院和国民政府最高法院，但均被驳回，维持原判。而根据《公务员惩戒法》的规定，公务人员的违法失职行为“虽受刑之宣告而未褫夺公权者仍得为惩戒处分”。[③]因此，出席审查会议各位委员一致认为，虽然该案的刑事判决已经确定，但依法仍应进行惩戒处分，会议最终作出决议，将被惩戒人宋鋆免职并停止任用两年。[④]随后，中央公务员惩戒委员会将惩戒决议报送司法院，并于 7 月 29 日呈请国民政府公布执行。8 月 2 日，国民政府对行政院、考试院和监察院发布训令，将“宋鋆案”的处理结果正式公布。[⑤]至此，历时两年多的“两湖监察使署弹劾宋鋆案”宣告结束。

---

① 《本署呈监察院弹劾湖南衡阳县县长宋鋆非法受理私行拘禁渎职犯刑案（1936 年 5 月 29 日）》，见《监察院湖南湖北监察区监察使署二十四年度年刊》，1937 年 2 月，湖北省档案馆馆藏档案，LSA2.5-6，第 165-166 页。

② 《委员杨谱笙刘成禺朱宗良审查报告书》，《监察院公报》，1936 年第 88 期，第 20 页。

③ 《公务员惩戒法》，《司法公报》第 127 号，1931 年 6 月 20 日，第 6 页。

④ 《中央公务员惩戒委员会决议书（鉴字第五五六号）》，《国民政府公报》渝字第 83 号，1938 年 9 月 14 日，第 17 页。

⑤ 《国民政府训令（渝字第四〇七号）》，《国民政府公报》渝字第 72 号，1938 年 8 月 6 日，第 3 页。

2. 弹劾案的评析

“宋鋆案”是两湖监察使署弹劾地方行政官员的一个典型案例，通过考察该案的处理过程，可以揭示监察院分区监察制度设计和运行的特点。

（1）从制度设计上来看，监察院分区监察制度继承了中国古代地方监察体制的历史传统，同时又借鉴了近代西方国家地方议会的监察职能，可谓兼采中西方监察制度之长。各监察区的监察使署作为国民政府最高监察机关的派出机构，既能够常驻于各地开展监察工作，又可以超然于地方政权体系之外，这种“垂直管理”的模式充分吸收了我国古代监察制度的优点，使中央政府的行政监察权力得以向下延伸。在“宋鋆案”中，由于两湖监察使署是代表国家最高监察机关介入该案的调查，当地司法机关不敢怠慢，才得以迅速查清了案情，加快了案件的处理进程。

监察院监察制度编纂处所编的《监察制度史要》一书指出：“议会为人民代表，欲求民治，自应纳政府于议会监督之下，俾一切设施，不致违背人民意旨，此议会监察权之理论的根据也。”[①]近代以来，西方国家的各级地方议会普遍具有监督同级政府的职能，国民政府在“训政”初期没有设立地方民意机构，各监察使署负责监督地方政府的施政，实际上是行使类似于地方议会的监察职能。两湖监察使署对宋鋆提出弹劾的主要理由是衡阳县政府并未“兼理司法”。虽然衡阳县政府辩称：“本府办理此案其动机在于修复草桥，关系交通、慈善，纯为地方公益，因希图迅速取得捐款，俾早完成”，并非图谋私利，但两湖监察使署指出，宋鋆在该案中的所作所为“不特在刑法上已构成犯罪行为，且侵害司法独立之尊严，依照治权行使之规律显属越权”，即使没有以权谋私，“仍难免除其应负之责”。[②]可见，各监察使署不仅查处贪污腐败的地方官员，还对本监察区内各级地方政权的运转进行常态化、全方位的监督。从这个意义上来说，监察院分区监察制度的实施在一定程度上填补了当时地方政权体系中的权力真空。

（2）由于各种客观因素的制约和人为因素的阻碍，监察院分区监察制度在设计上的日益完备与运行中的成效不彰形成强烈的反差。两湖监察使署早在1936年5月就已对宋鋆提出弹劾案，而按照《公务员惩戒法》的规定，公务人员的违法失职案件“已在刑事侦查或审判中者，不得开始惩戒程序”，“在惩戒程序中开始刑事诉讼程序时，于刑事确定裁判前停止其惩

① 监察院监察制度编纂处编：《监察制度史要》，南京：汉文正楷印书局，1935年，第59页。

② 《中央公务员惩戒委员会决议书（鉴字第五五六号）》，《国民政府公报》渝字第83号，1938年9月14日，第17-18页。

戒程序”。[1]因此，惩戒机关需等待司法机关对宋鋆案的刑事判决最终确定，才能作出惩戒决议。直到全面抗战爆发以后，国民政府最高法院对宋鋆案作了终审判决，中央公务员惩戒委员会于1938年7月才正式通过惩戒决议，将宋鋆免职并停止任用两年。此时，距离1936年7月该案移付惩戒机关已经过去了整整两年的时间。按照《公务员惩戒法》的规定，免职是最为严厉的惩戒处分，但在此期间，被惩戒人宋鋆已于1937年6月调任湖南省桂阳县县长，并于1938年4月离职，此后未再担任任何公职。可见，由于弹劾案的处理进展过于迟缓，惩戒处分的效力也就大打折扣，“既失去空间时间之价值，复使社会不明其处分之意义”。[2]

此外，根据国民政府1935年1月1日公布施行的《中华民国刑法》，其第4章“渎职罪”第128条明确规定：“公务员对于诉讼事件，明知不应受理而受理者，处三年以下有期徒刑”，第134条规定：“公务员假借职务上之权力、机会或方法，以故意犯本章以外各罪者，加重其刑至二分之一。”[3]另第26章“妨害自由罪”第302条规定：“私行拘禁或以其他非法方法，剥夺人之行动自由者，处五年以下有期徒刑，拘役或三百元以下罚金。”[4]但是，“宋鋆案”历经衡阳地方法院、湖南高等法院和国民政府最高法院三审定谳，最终仅作出处以罚金法币200元的判决。可见，两湖监察使署对宋鋆提出的弹劾案虽然得以成立，但实际上被弹劾人既未受到应有的法律制裁，惩戒处分对其也没有产生任何实质性的影响。可以说，设计初衷和运行效果的反差将监察院分区监察制度推向了极其尴尬的境地。正如时论所指出的：“……监察机关，负有弹劾之责，执行与否，概不过问，以故监察权之效率，在一般人之心目中，已成为怀疑之点，此殆国人注重情面之遗毒使然欤！”[5]

二、战时动荡时期：1937~1945年

（一）全面抗战前期：1937 ~ 1940年

全面抗战爆发以后，两湖监察使署于1938年6月底撤离武昌，迁至湖

① 《公务员惩戒法》，《司法公报》第127号，1931年6月20日，第6页。

② 中国国民党福建省党部编印：《陈肇英先生言论集》，1937年，第66页。

③ 《中华民国刑法》，《立法院公报》，1935年第66期，第25-26页。

④ 《中华民国刑法》，《立法院公报》，1935年第66期，第53页。

⑤ 干健：《为甘宁青监察使进一言》，《新青海》，1935年第3卷第6期，第4页。

南芷江办公。1938 年 11 月 13 日至 17 日，湖南长沙发生了严重火灾，两湖监察使署闻讯后立即派调查员前往调查。随后，监察院又电令两湖监察使高一涵亲自前往长沙查看火灾情形，“追究起火责任”，“立即具报，听候核办”，并代表国民政府慰问灾民。[①]12 月 5 日，高一涵抵达长沙，在长沙期间，高一涵实地察看了受灾情形，并多方调查火灾起因。湖南省政府组织的“长沙市火灾临时救济委员会”开会时，高一涵也到会致词，向各界人士和受灾民众转达了监察院院长于右任的慰问之意。12 月 13 日，高一涵结束调查，离开长沙。

返回两湖监察使署以后，高一涵拟具了《调查长沙市火灾案报告书》，于 12 月 28 日呈送监察院。该报告书分为火灾之酿成、火灾之责任、火灾之损失与火灾之善后四个部分，“所述各节，均系由于尽量设法实地调查，再加博访周咨，衡情度理，参以公平之舆议，证诸现存之文书，亦为其追溯原因，详考经过，而尤注意于该管机关人员之责任问题。”在报告书中，高一涵认为，长沙火灾酿成的原因，主要是“事前地方之慌乱”和“军警举措之乖方”，“而其中最为主要之关键，则在该管军警机关……虽未查出其有实施放火命令之证据，但其种种慌张躁率，举措乖方，实足以酿成巨变，与曾发命令者无殊，其责任实最为重大”。高一涵还明确指出，除了已被惩办的部分失职官员外，湖南省政府保安处处长徐权因“身负全省保安之责，又奉共同准备之令”，亦难辞其咎，应当“迅予查明严惩”，长沙警备司令部参谋长石国基和参谋处长许权已经潜逃，而组织军警实施放火“多系由其包办，情节更为重大，尤宜速正典刑”。[②]

此后，湖南省政府保安处处长徐权于 1939 年 1 月 20 日被免职；长沙警备司令部原参谋处长许权于 1939 年 2 月被国民政府军事委员会军法执行总监部判处无期徒刑，1944 年“保外就医”，抗战胜利以后又复出担任东北保安司令长官部高参、国防部运输学校教育长等职；[③]长沙警备司令部原参谋长石国基则回乡隐居，未再被追究责任。[④]由于在长沙放火实际上是执行蒋介石“焦土抗战”的决策，当事官员均“绝口不言‘奉命放火’到底

---

① 高一涵：《长沙大火内幕》，见中国人民政治协商会议江苏省委员会文史资料研究委员会编：《江苏文史资料选辑》第 15 辑，南京：江苏古籍出版社，1984 年，第 43 页。

② 高一涵：《调查长沙市火灾案报告书（摘要）》，见曹铁安主编：《长沙大火》，长沙：岳麓书社，1997 年，第 329-336 页。

③ 许权：《我在大火后的经历》，见曹铁安主编：《长沙大火》，长沙：岳麓书社，1997 年，第 253-254 页。

④ 祝钦坡记录整理：《石国基谈文夕大火》，见中国人民政治协商会议长沙市委员会文史资料研究委员会编：《长沙文史资料》第 1 辑，内部发行，1984 年，第 99-102 页。

是奉了谁的命令”，国民政府也不欲深究。正如高一涵后来回忆说：“我呈复监察院的调查报告也如石沉大海，杳无音信。”[①]

抗战进入相持阶段以后，国防最高委员会在两湖地区相继设置了第五、第九、第六三大战区，湖南、湖北两省成为国民政府军队抗击日军的主要战场。由于战事频仍、交通阻隔，两湖监察使署的巡回视察活动主要局限于湖南省尚未沦陷的地区，其工作重心是为抗战服务。在1939年度内，两湖监察使高一涵先后视察了湖南省的乾城、永绥、常德、沅陵、晃县、辰溪、长沙等县市。所到之处，“关于民役征募，军事征用，民众组织与训练，食粮储备与调剂，垦民生计及保健，茶业整顿及统制，交通运输，抗敌肃奸，维护治安，整饬教育，土地陈报，救济水灾旱灾，以及防空设施，伤兵管理，难民难童救济，劝募寒衣捐，生产建设，与夫司法监狱，财政金融，暨一切捐税与有关人民负担者，乃至公务人员工作之张弛及其操守，驻军及地方团队之纪律……皆经加以严密周详之查访，随时向主管部分说明，或提供意见，或面予纠正”。[②]1939年10月13日，第一次长沙会战结束，国民政府军队击退日军，高一涵奉监察院之命赶赴前线视察慰问第九战区各参战部队。高一涵从湘西地区出发，先到衡山县，又经渌口、株洲、湘潭等地至长沙，沿途除赴各地驻军中视察慰问外，还顺便查看了地方情形。[③]

此时期，由于实际的监察区域大为缩小，两湖监察使署收到的民众书状大为减少，处理案件的数量也就相应下降。1939年1月至10月，两湖监察使署共提出了2件弹劾案、6件纠举案和8件建议案（表4-3）。可见，纠举和建议已经成为两湖监察使署行使监察权的主要方式，从案件的处理结果看，这两种方式的确简捷迅速，颇有成效，适应了战时的客观需要。其中，建议权的行使不受法定监察区域的限制，两湖监察使署可以直接向最高军政当局提出建议案。例如，在全面抗战爆发以后，由于一些非常时期紧急法令的施行，各地监狱中在押行政人犯的数量激增，甚至超过了普通刑事犯的人数，而且大多数未经判决。两湖监察使高一涵遂于1940年7月向监察院提交建议案，主张由国民政府军事委员会通令各省、市尽快制订清理羁押行政人犯办法，并限期清结。随后，监察院将高一涵的建议案转交行政院办理，并呈请国防最高委员会备案。行政院接到建议案以后，

① 高一涵：《长沙大火内幕》，见中国人民政治协商会议江苏省委员会文史资料研究委员会编：《江苏文史资料选辑》第15辑，南京：江苏古籍出版社，1984年，第46页。

② 监察院编印：《监察院工作报告》，1939年11月，第8-9页。

③ 高大同编：《高一涵先生年谱》，上海：上海文化出版社，2011年，第139页。

即于当年 8 月 25 日训令各省、市政府对于在押行政人犯要“切实清理，未决者迅予判决，已决者厉行调服军役”，并“随时督促进行为要。”此后，四川、云南、贵州、陕西、甘肃等后方各省政府相继拟定了《清理羁押人犯办法》，并通令各地实施。[①]

表 4-3　两湖监察使署案件处理情况统计表（1939 年 1 月至 1939 年 10 月）

处理方式	处理时间	案情概况	处理结果
弹劾案	1939 年 9 月 18 日	弹劾湖南省耒阳县政府管狱员萧郑侯玩忽失职，逃脱人犯案	已接到监察院的电令，该案经审查成立，移送中央公务员惩戒委员会依法办理
弹劾案	1939 年 9 月 23 日	弹劾湖北省监利县县长周小汉委弃守职案	已接到监察院的电令，该案经审查成立，移送中央公务员惩戒委员会依法办理
纠举案	1939 年 1 月 21 日	纠举湖南省芷江县政府第一科科长湛桓毅与第二科科长陈舜格在办公室内互相谩骂斗殴案	据湖南省政府呈复，称已将湛桓毅、陈舜格撤职并训令湖南省干部训练团开除二人的学籍
纠举案	1939 年 4 月 13 日	纠举湖南省怀化县政府兵役科科长黄振英办理兵役违法失职案	该案以两湖监察使署公函送达湖南省军管区司令部办理
纠举案	1939 年 4 月 25 日	纠举湖南省赈济委员会难民收容所管理员柏之寿、该委员会第 34 难民收容所管理员李子固违法失职案	该案以两湖监察使署公函送达湖南省赈济委员会办理
纠举案	1939 年 6 月 5 日	纠举湖南省芷江县县长刘炎、芷江县政府管狱员贾寿元、芷江县政府保安大队分队长刘德先等玩忽失职案	该案涉及刑事的部分已经移送湖南高等法院办理，芷江县政府呈复称已将刘德先革职，并给予贾寿元记过三次的处分
纠举案	1939 年 7 月 8 日	纠举第五战区光谷警备司令部（设于湖北省老河口，负责光化县、谷城县的警备任务）司令官王家本营私作恶，犯法多端案	该案由监察院转送国民政府军事委员会处理，此后，第五战区司令长官李宗仁下令将王家本撤职查办
纠举案	1939 年 8 月 31 日	纠举湖南省芷江县政府税务局前任主任盛秉权、税务局现任事务员凌楚贤违法失职案	该案以两湖监察使署公函送达湖南省政府办理
建议案	1939 年 1 月 28 日	两湖监察使高一涵与监察委员汪东、于洪起联名向行政院交通部建议整理电报交通，以谋通报之迅捷	据交通部复函称经过整顿之后，当不致再有重大稽延
建议案	1939 年 3 月 31 日	两湖监察使高一涵向湖南省晃县县政府建议从速审结羁押人犯，并修筑看守所	据晃县县政府呈复称已经遵照办理

① 《四川省政府训令（秘一字第一一八八〇号）》，《四川省政府公报》原第 254 期，1941 年 8 月 1 日~5 日，第 19-21 页。

续表

处理方式	处理时间	案情概况	处理结果
建议案	1939 年 3 月 31 日	两湖监察使高一涵向湖南省晃县县政府建议立即清查该县粮户，并废止包征田赋制度	据晃县县政府呈复称已经遵照办理
建议案	1939 年 5 月 10 日	两湖监察使高一涵向湖南省芷江县政府建议整顿该县狱政	据芷江县政府呈复称：对于所有未决在押人犯从速审结；减少老、病犯人的口粮以补青壮年犯人口粮之不足；按照《战时监犯调服军役办法》的有关规定切实注意监狱管理和卫生状况
建议案	1939 年 8 月 12 日	两湖监察使高一涵向国防最高委员会建议改善新兵待遇	据国防最高委员会复函称，该案已经交由行政院交通部办理
建议案	1939 年 8 月 24 日	两湖监察使高一涵向行政院司法行政部建议切实考察整理各县监狱	该案已经送交司法行政部办理
建议案	1939 年 9 月 23 日	两湖监察使高一涵向湖南省政府财政厅建议整理湖南各县税务	该案已经送交湖南省政府财政厅办理
建议案	1939 年 9 月 25 日	两湖监察使高一涵向国民政府军事委员会军政部建议对于湖南省耒阳县的兵役事务，请饬令其下属的兵役署研究改进	据军政部复函称，该案已交由兵役署加以研究，并切实改进

资料来源：《监察院工作报告》，1939 年 11 月，第 10-27 页

从表 4-3 可以看出，两湖监察使署在 1939 年 1 月至 10 月处理的 16 件案件中，案情涉及湖北省的仅有 2 件，涉及湖南省的共有 11 件，其中就有 4 件与两湖监察使署的战时驻地湖南省芷江县有关。可见，抗战使两湖监察使署的工作受到了严重影响。

1939 年 6 月 28 日，行政院交通部特种交通技术人员考试初试在湖南省衡阳县举行，两湖监察使高一涵奉监察院之命担任监试委员，8 月 23 日，交通部交通技术人员第三届考试在衡阳举行，高一涵再度奉命担任监试委员。①此外，自抗战进入相持阶段以后，湖南省的长沙、衡阳、芷江、沅陵，湖北省的宜昌、沙市等地，屡次遭到日军飞机的轰炸，人民生命财产损失严重，国民政府和各级地方政府拨款救济，均由两湖监察使署派遣工作人员监督赈款的分配和发放，以防发生舞弊。

（二）全面抗战中后期：1940~1945 年

1940 年 8 月 7 日，已经连续担任两湖监察使达五年之久的高一涵调任

① 监察院编印：《监察院工作报告》，1939 年 11 月，第 28-29 页。

甘宁青监察使，国民政府任命监察院监察委员苗培成[①]继任。当时，苗培成还担任国民党湖北省党部主任委员，当年 6 月，宜昌沦陷，国民党湖北省党务机构撤出宜昌，经巴东迁至恩施办公，一切工作尚未就绪。因此，苗培成接受任命后，即由重庆赴恩施处理党务，同时派两湖监察使署的新任主任秘书刘传中、秘书卫虚若等前往芷江先行准备。9 月中旬，苗培成前往芷江，正式接任视事，又于 9 月底回到恩施，设立两湖监察使署驻恩施办事处。此后，苗培成经常往返于芷江、恩施两地，直到 1942 年 8 月，苗培成不再兼任国民党湖北省党部主任委员，并于当年 9 月初回到芷江专任两湖监察使。1944 年 11 月上旬，因湖南省战事紧张，两湖监察使署又迁至恩施办公，同时在芷江设立办事处，直至抗战胜利。

自上任以后到抗战胜利前夕，苗培成共出巡 14 次，先后视察了湖南、湖北两省尚未沦陷的大部分县、市（表 4-4）。在出巡期间，苗培成以视察战时地方行政、伤兵救护、难民救济及征兵征粮等事项为工作重点，并多次亲赴前线巡视。

表 4-4　两湖监察使苗培成出巡视察情况表（1940 年 11 月至 1944 年 12 月）

日期	视察经过
1940 年 11 月中旬	赴湖南省政府驻地耒阳县视察，并为 1940 年度湖南省县长考试监试
1941 年 4 月中旬	巡视湖南省第十行政督察区的洪江、黔阳、会同、芷江等县
1941 年 6 月	赴湖北宜昌前线三斗坪一带视察，并巡视秭归、兴山、巴东三县
1941 年 10 月 12 日~10 月 20 日	第六战区部队进攻宜昌，苗培成赴前线各地视察慰问
1941 年 11 月	第二次长沙会战结束后，苗培成由恩施出发，赴湖南省耒阳、长沙、湘阴、芷江等地视察慰问
1942 年 3 月 11 日~6 月 16 日	巡视湖北省第五行政督察区的保康、谷城、老河口、光化、襄阳等地，以及第八行政督察区的郧县、均县、房县等地
1943 年 1 月 5 日~1 月 20 日	赴恩施为 1942 年度湖北省县长考试监试后，视察湖北省政府各机关，随后巡视宣恩、咸丰、来凤等县及湖南省龙山县
1943 年 4 月 15 日~7 月 24 日	从芷江出发，巡视湖南省耒阳、攸县、茶陵、衡阳县、衡阳市、湘潭、长沙县、长沙市、湘阴、沅江、南县、华容、安乡、汉寿、常德、桃源 16 个县市，并在耒阳为 1943 年度第一次高等考试初试监试
1943 年 7 月 25 日	当日上午日军飞机轰炸芷江，下午苗培成赴各受灾地点及医院视察慰问
1943 年 9 月 29 日~10 月 16 日	赴恩施视察，并为 1943 年度第二次高等考试初试监试

① 苗培成于 1940 年 10 月 24 日辞去监察委员职务。

续表

日期	视察经过
1943年12月18日~1944年1月11日	常德会战结束后，苗培成赴常德、桃源、沅陵等地视察慰问
1944年3月27日~3月31日	视察芷江县各机关及学校
1944年8月4日~9月16日	长衡会战开始后，长沙、衡阳等地相继沦陷，苗培成前往接近前线的邵阳、祁阳、零陵、东安、新宁、武冈等地视察
1944年11月2日~12月24日	视察湖北省第七行政督察区的恩施、宣恩、咸丰、来凤等县及湖南省龙山县，并为1944年度湖北省县长考试监试

资料来源：根据苗培成所著的《往事纪实》一书所载的有关内容综合而成

此时期，两湖监察使署在行使监察权方面采取弹劾与纠举并重的方式。1940年8月至1945年8月，两湖监察使署共提出弹劾案35件，纠举案31件，[①]在被查处的公务人员中，有湖南省长沙市市长王力航、湖南高等法院第二分院院长张心翊、湖北省政府田赋粮食管理处处长朱鼎等多位地方要员。

三、战后的艰难运作：1945~1949年

（一）战后初期：1945~1947年

1945年10月，两湖监察使署由恩施迁回武昌，在胡林翼路62号设署办公，1946年2月3日，两湖监察使署驻芷江办事处撤销，所有职员均返回武昌本署。自抗战胜利后到离任前夕，两湖监察使苗培成共出巡7次（表4-5），在其任期内，累计视察了湖南、湖北两省的90余个县市。

表4-5　两湖监察使苗培成出巡视察情况表（1945年9月至1946年8月）

日期	视察经过
1945年9月11日~10月9日	自恩施出发，沿途视察巴东、宜昌、沙市、十里铺、后港、沙洋、皂市、长江埠等地，到武汉后巡视汉口、武昌、汉阳三地
1945年10月22日~11月21日	自武昌出发，巡视湖北省收复区的广水、应山、孝感、云梦、隔蒲潭、应城、皂市、天门、岳口、仙桃、汉川等地
1945年12月6日	视察武汉市区内各处难民救济情况

① 苗培成：《往事纪实》，台北：正中书局，1979年，第458-459页。

续表

日期	视察经过
1945 年 12 月 27 日~1946 年 2 月 17 日	巡视湖南省长沙县、长沙市、衡山、衡阳县、衡阳市、邵阳、芷江、沅陵、桃源、常德、汉寿、沅江、湘阴、岳阳等地
1946 年 2 月 22 日~2 月 24 日	赴湖北省政府、行政院处理接收武汉区敌伪产业特派员办公处查询工作情形，视察武汉市区内各监狱及看守所
1946 年 3 月 22 日~7 月 10 日	先后视察国民政府经济部在武汉的各仓库，巡视沿江水利堤防，监视湖北省政府接收、焚毁敌伪烟土，并担任各类考试的监试委员
1946 年 7 月 11 日~8 月 1 日	湖南发生水灾，苗培成赴长沙市、衡阳市、衡阳县、祁阳、零陵等地视察灾情及救济工作

资料来源：根据苗培成所著的《往事纪实》一书所载的有关内容综合而成

1946 年 8 月，监察院委派苗培成参加湘鄂赣区接收处理敌伪物资清查团，清查团由国民参政会参政员仇鳌担任团长。8 月 1 日，清查团进驻汉口办公，当天召开了第一次团务会议，决定该团第二组负责湖北省的清查工作，由苗培成担任组长，监察院监察委员何克夫、何汉文和国民参政会参政员李荐庭担任委员，并调派两湖监察使署职员方秉瑜、张海渔为干事。8 月 5 日至 9 日，苗培成主持召开了四次座谈会，分别邀请新闻记者，民众团体，民意机关，司法机关和军警机关的负责人到会，听取各界人士对于清查接收工作的意见。同时，清查组还在武汉各大报纸登载启示，鼓励民众进行检举密告，并在市内各处邮局设立了 21 个密告箱，按日收集密告函件。8 月 10 日，清查工作正式开始，苗培成先后召集武汉地区各接收机关的负责人谈话，听取工作汇报，并要求各机关团体限期呈交接收清册。此后，武汉地区共有 244 个单位上交了敌伪物资的原始清册，有 105 个单位上交了战后接收清册，有 14 个单位未上交清册，另行申述理由。清查组会同审计部湖北省审计处对接收清册进行了审查、核对，并由苗培成、何汉文等亲自前往各接收工厂、仓库视察。①

10 月 9 日，清查组的工作结束，根据调查情况和民众检举，共处理有关案件 246 件。在武汉期间，清查组曾经查处了第六战区擅自动用价值 40 亿元（法币）接收物资案，11 月 13 日，苗培成与何汉文据此提案弹劾前任第六战区副司令长官兼武汉警备总司令、时任国防部参谋次长的郭忏违法越权、贪污渎职，该案经监察院审查成立，移送国防部军事长官惩戒委

① 《湘鄂赣区清查团工作报告》，见接收处理敌伪物资清查团联合办事处编：《接收处理敌伪物资清查团工作总报告》，1947 年，第 25-28 页；苗培成：《往事纪实》，第 446-455 页。

员会办理。[①]弹劾案公布以后，郭忏向国民政府提出申诉，并对新闻记者发表谈话，声称："弹劾各款全系虚构事实，意存侮蔑。"[②]随后，苗培成、何克夫、何汉文再度提案弹劾郭忏擅自处分接管日方物资、违法渎职，并联合王平政、梅公任、毛少遂、邓春膏等21名监察委员弹劾郭忏藐视法令、妨害公务，两案均经监察院审查成立，移送惩戒。[③]但是，由于国民政府高层的蓄意袒护，郭忏始终未受任何处分，并仍然得到重用，后来相继担任联勤总司令、东南军政长官公署副长官等要职。尤其具有讽刺意味的是，1947年1月，苗培成等对郭忏的两件弹劾案刚刚公布，汉口市政府和市参议会竟以郭忏此前在任内"主持武汉受降及地方绥靖事宜，建树甚多"，由市长徐会之、参议会议长张弥川"代表全体市民"授予郭忏所谓"荣誉市民"的称号。[④]

在监察权的行使方面，1945年9月至1947年3月，两湖监察使署共提出弹劾案61件，纠举案21件，建议案2件。在弹劾案件中，属于湖南省范围内者共有31件，属于湖北省范围内者有30件；在纠举案件中，属于湖南省范围内者共有12件，属于湖北省范围内者有9件。在被查处的公务人员中，包括前任湖北省政府主席王东原、民政厅厅长王开化、财政厅厅长吴嵩庆、教育厅厅长钱云阶、建设厅厅长谭岳泉、田赋粮食管理处处长尹静夫、湖北省政府委员兼鄂东行政公署主任李石樵、第五战区鄂东挺进军中将总指挥程树棻、行政院善后救济总署湖北分署署长周苍柏、湖南省政府湘东行政公署主任廖云章、第九行政督察区保安司令部副司令顾隆筠、衡阳市前任市长周異斌等地方军政要员，以及湖南、湖北两省的35名县长。[⑤]

（二）"行宪"前夕：1947~1948年

1947年3月11日，苗培成调任监察院监察委员，高一涵再度出任两湖监察使。[⑥]此时，国共内战已经进入第二年，为了保证军需供应，国民政府粮食部以"除弊便民"的名义在各地设立了"征粮督导团"，督导团由粮食部、财政部派高级职员与部分监察院监察委员和国民参政会参政员共同

---

① 《郭忏被弹劾案 主席派员复查》，《申报》，1946年12月3日，第2版。

② 《郭忏贪污渎职案 已移付惩戒 监院发表纠弹案件》，《中央日报》，1946年11月26日，第4版。

③ 《郭忏被弹劾案 违法渎职藐视法令二案 监院审查成立移付惩戒》，《益世报》，1947年1月7日，第1版。

④ 《郭忏将军荣膺汉市荣誉市民》，《中央日报》，1947年1月18日，第4版。

⑤ 苗培成：《往事纪实》，第459-464页；武汉日报年鉴编辑委员会编：《民国三十六年度武汉日报年鉴·监察》，1947年，第2-8页。

⑥ 在各监察区的历任监察使中，只有高一涵曾两度在同一监察区任职。

组成，负责督导各省、市的粮政。[①]4 月 18 日，国民政府任命两湖监察使高一涵兼任粮食部湘鄂区征粮督导团主任委员。此后，两湖监察使署查处了一批本监察区内粮政人员的贪污违法案件，但是收效甚微，始终未能从根本上解决粮政舞弊问题。

1947 年 3 月 4 日，位于南京下关的交通部招商局三号码头发生塌陷事故，监察院派监察委员李世军进行调查，发现下关地区的各码头已经年久失修，抗战时期又多次遭到飞机轰炸，战后接收之后，招商局和南京市政府工务局未能及时对各码头的安全状况进行检查改善，以致酿成事故。3 月 8 日，监察院发布训令，称历经全面抗战之后，各地的桥梁、码头等工程和其他公共建筑物必然多有损坏，“倘或不查，而任其自然照常使用，一旦祸变突生，挽救何及”。因此，监察院要求各监察区的监察使和外出巡视的监察委员对此问题“应予特别注意，随时随地切实考察，并督促主管机关实行普遍检查，立即设计改善，勿使类是之惨案继续发生，庶人民生命财产赖以保障，而国家亦免遭受巨大意外之损失”。[②]

接到监察院的训令以后，两湖监察使署于 4 月 12 日以公函发往湖北省汉口市政府，要求市政府将汉口市区内所有桥梁、码头等工程及其他公共建筑物的详细状况查明后，报送监察使署核办。[③]4 月 19 日，汉口市市长徐会之复函两湖监察使署，称“查原函所开，包括极为广泛，如一一从事检查，自非少数人短期所能办理。依照本市习惯，一切公私建筑，大都由使用者自行注意其安全，遇及危险状况，随时由使用人或由所在地域内之警察分局及区公所查报本府办理”。在复函中，汉口市政府还介绍了市区内桥梁、码头、水利堤防等工程和学校、医院、旅馆、戏院、工厂、货栈等建筑物的损坏与维修情况，并将《汉口市政府沿河沿江码头一览表》和《襄河河岸调查表》各一份随函送达，以备两湖监察使署派员查勘。两湖监察使署收到复函以后，因汉口市政府声称：“迄至现在止，尚无如何危险事件发生”，又限于本署人力，此后亦未再派员进行实地调查。[④]

1947 年 6 月 1 日凌晨，武汉军政当局派大批军警进入国立武汉大学，

---

① 陈开国：《回忆谷正伦任粮食部长的几点情况》，见中国人民政治协商会议贵州省安顺市委员会文史资料研究委员会编：《安顺文史资料》第 3 辑，1985 年，第 15-16 页。

② 《监察院训令（第五三二八号）》，见《两湖监察使署调查本市桥梁码头建筑一览表（1947 年 4 月）》，湖北省武汉市档案馆馆藏档案，LS9-31-04092，第 1-2 页。

③ 《监察院湖南湖北监察区监察使署公函（行字第 4069 号）》，见《两湖监察使署调查本市桥梁码头建筑一览表（1947 年 4 月）》，湖北省武汉市档案馆馆藏档案，LS9-31-04092，第 2-3 页。

④ 《汉口市政府公函（1947 年 4 月 19 日）》，见《两湖监察使署调查本市桥梁码头建筑一览表（1947 年 4 月）》，湖北省武汉市档案馆馆藏档案，LS9-31-04092，第 4-8 页。

逮捕部分师生员工，并开枪打死学生 3 人，时称武汉大学“六・一惨案”。当日上午，湖北省参议会开会，两湖监察使高一涵和国民政府主席驻武汉行辕副主任孙蔚如、湖北省政府主席万耀煌到场，听取了武汉大学代理校长刘秉麟等关于事件经过的报告，高一涵当场表示待查明事件真相后会及时处理。当日下午，受武汉军政当局的委托，高一涵和湖北省参议会议长何成濬率驻武汉各机关团体代表和各报社记者赶赴武汉大学，实地查看了惨案现场。[①]随后，高一涵拟具调查报告呈送监察院院长于右任，并呈请国民政府主席蒋介石“速作紧急有效措置”。6 月 3 日，武汉行辕主任程潜下令将武汉大学的所有被捕师生取保释放，程潜、孙蔚如、万耀煌和教育部政务次长杭立武等相继赴武汉大学视察慰问。6 月 7 日，经国防部派员调查，决定将武汉警备司令部稽查处处长胡孝扬等事件责任人移送武汉行辕军法处依法查办，蒋介石亦下令，武汉警备司令彭善“管制无方，着即撤职”。[②]6 月 9 日，高一涵首次就武汉大学事件对新闻记者发表谈话，称“今本案业经迅速处理，甚望该校师生共体时艰，早日复教复课”。[③]

此后，两湖监察使署又对原任武汉警备司令彭善提出弹劾，弹劾案经监察院审查成立，移送国民政府军事长官惩戒委员会办理，最终，军事长官惩戒委员会通过决议，将彭善免职并停止任用三年。[④]此前，武汉警备司令部稽查处处长胡孝扬已自杀身亡，武汉大学事件的其他责任人分别被武汉行辕军法处判处了 8~11 年的有期徒刑。[⑤]此次武汉大学事件发生后，两湖监察使署积极参与事件的处理，促使国民政府和武汉军政当局采取了一系列的善后措施，但最终难以挽回对国民党政权的统治造成的消极影响。

1947 年下半年，由于国民政府即将“行宪”，在“制宪国民大会”通过的“中华民国宪法”中没有关于设置监察使署的规定，两湖监察使署面临撤销，各项工作都趋于消极。高一涵在复任两湖监察使以后，并未出巡视察，只是代表国民政府出席地方上的一些典礼、集会等活动，或由监察

---

① 糜华菱：《黎明前的血祭——武汉大学 1947 年“六・一”惨案一月记》，见武汉市政协文史学习委员会编：《武汉文史资料》第 2 辑，2003 年，第 19-20 页。

②《主席关怀武大事件 武汉警备司令彭善管制无方谕令撤职 杭立武昨谒主席有所请示》，《申报》，1947 年 6 月 8 日，第 5 版。

③《中枢撤查武汉警备司令 武大师生表示感慰 赴京请愿一节可望打销》，《申报》，1947 年 6 月 9 日，第 5 版。

④ 高一涵：《监察院见闻》，见中国人民政治协商会议全国委员会文史资料委员会编：《文史资料存稿选编》第 12 辑《政府・政党》，北京：中国文史出版社，2002 年，第 492 页。后来，彭善于 1948 年 7 月复出担任“中央训练团”中将副教育长，1949 年去台湾，曾任台湾当局“国防部”中将参议等职。

⑤《武大事件将结束 来京请愿代表改今日乘机返校 稽查处长胡孝扬投江自杀证实》，《申报》，1947 年 6 月 17 日，第 2 版。

院派遣担任监试工作。直到 1947 年 12 月上旬，高一涵才出发赴湖南省视察。9 日，高一涵抵达衡阳，在衡阳市参议会听取地方情形的报告，衡阳市参议会议长杨晓麓等向高一涵控告衡阳市市长仇硕夫贪污违法。10 日，衡阳《中华时报》登载这一消息，引起衡阳市政府的不满，市长仇硕夫向该报发出训令，要求立即“更正”。11 日，《中华时报》又以《奉令更正》为题刊登衡阳市政府训令的原文，以揭露地方当局威胁该报的情形，衡阳市政府当日即派武装警察以“保护”为名包围了《中华时报》社，使报社不能正常营业。[①]随后，高一涵致电湖南省政府告知此事，中华时报社社长李运鹏也分别向长沙、武汉、南京、上海等地的新闻界同行求助，1948 年 1 月，仇硕夫被免去衡阳市市长职务，后调任“长沙绥靖公署”中将高参。

1947 年 12 月 11 日，高一涵离开衡阳赴湘西各县视察，然后转道长沙返回武昌。[②]此时，高一涵感到在两湖监察使任上已经很难有所作为，遂于 12 月下旬离开武昌，回到南京家中，后来出任监察院专门委员。[③]此后，两湖监察使署的日常事务由主任秘书张家钰代为主持。

（三）两湖区监察委员行署时期：1948 ~ 1949 年

1. 视察与调查

“行宪”以后，两湖监察使署停止办公，1948 年 7 月 29 日，李梦彪、权少文、王维祺当选为两湖区监察委员行署第一届委员。9 月 1 日，两湖区监察委员行署正式成立，在武昌市林翼路 446 号设署办公。行署实行委员合议制，每周二举行一次委员会议，决定重要事项。行署委员按周轮值，每日收发的文件先经非轮值委员审核，再交由轮值委员判行。行署于每周五举行工作会报，行署委员听取各科室的工作报告，全署职员互相交换意见、检讨业务。各科室于每周自行举行科（室）务会议一次，由一名行署委员或秘书主任参加并进行指导。行署对原两湖监察使署的工作人员分别进行考核，共留用 22 人，均经呈请考试院铨叙部予以晋升一级，后来又陆续调派 11 人，全署共有职员 33 人。[④]9 月 12 日，行署第 2 次委员会议决定成立驻湖南办事处。9 月 21 日，行署第 3 次委员会议决定由李梦彪兼任驻湖南办事处主任，并派调查员 1 人、科员 1 人、书记员 1 人、公役 2 人

---

① 《衡阳中华时报被市府“保护”因揭载市长被控新闻》，《申报》，1947 年 12 月 12 日，第 2 版。

② 《时人行踪》，《申报》，1947 年 12 月 11 日，第 2 版。

③ 高大同编：《高一涵先生年谱》，上海：上海文化出版社，2011 年，第 164 页。

④ 《监察院两湖区监察委员行署工作述要》，1949 年 2 月，上海市档案馆馆藏档案，Y2-1-795，第 6 页。

随同李梦彪前往长沙，暂借湖南省参议会驻地办公。

两湖区监察委员行署成立以后，“为求明瞭各地政情起见”，由三位委员分头出巡视察。1948 年 9 月 26 日，李梦彪与调查科科长周其昌等赴湖南长沙、衡阳等地视察，历时一个多月，于 11 月 2 日回署。随后，李梦彪将视察地区政治、经济、司法各方面的情形汇编成报告，并加具意见，于 11 月 30 日呈送监察院。10 月 1 日至 20 日，王维祺与调查专员魏成德等视察了各中央机关驻汉口市的办事机构，并分别编列报告，加具意见，于 11 月 25 日呈送监察院。1949 年 1 月 2 日，权少文与行署工作人员赴湖南衡阳、东安等地视察地方政务，“深入民间，以求民隐”，并考察了粤汉铁路的业务概况，以及各后方医院的伤兵养护情形。1 月 24 日，权少文一行回署，此后，两湖区监察委员行署未再派员出巡视察。①

1948 年 9 月至 1949 年 2 月，两湖区监察委员行署共收到人民书状 362 件，其中湖北省有 216 件，湖南省有 105 件，汉口特别市有 41 件。此外，监察院交办书状共 137 件，其中湖北省共有 62 件，湖南省有 59 件，汉口特别市有 16 件。截止到 1949 年 2 月底，监察院交办书状中的 54 件已经调查完毕，包括湖北省的 19 件，湖南省的 28 件，汉口特别市的 7 件，其余尚在继续调查中。②

凡是情节严重的案件，两湖区监察委员行署均自行派员调查。1948 年 9 月至 1949 年 2 月，行署共“派查”案件 69 件，其中湖北省有 32 件，湖南省有 10 件，汉口特别市有 27 件，已经调查完毕者，湖北省有 19 件，湖南省 10 件，汉口特别市 15 件，共计 44 件。但是，行署自成立以来，“经费预算，中央久无合理之决定，如视察调查旅费，实为监察工作之动脉，不但数目微少，不敷应用，且拨发迟缓，误事尤多。况值币值时时贬落，拨到之款，全不济用”。③因此，凡是情节较轻，或路程较远、不便调查的案件，行署均委托其他机关代为调查。1948 年 9 月至 1949 年 2 月，行署共“行查”案件 376 件，其中湖北省有 191 件，湖南省有 154 件，汉口特别市有 31 件，已经调查完毕者，湖北省有 19 件，湖南省有 10 件，汉口特别市有 15 件，共计 44 件。

① 《监察院两湖区监察委员行署工作述要》，1949 年 2 月，上海市档案馆馆藏档案，Y2-1-795，第 1-2 页。

② 《监察院两湖区监察委员行署工作述要》，1949 年 2 月，上海市档案馆馆藏档案，Y2-1-795，第 2 页。

③ 《监察院两湖区监察委员行署工作述要》，1949 年 2 月，上海市档案馆馆藏档案，Y2-1-795，第 1 页。

2. 监察权的行使

1948 年 9 月至 1949 年 2 月，两湖区监察委员行署共提出纠举案 8 件，弹劾案 3 件，纠正案 1 件，另向司法机关提出检举案 1 件，共计处理案件 13 件（表 4-6）。就地域分布而言，涉案人的任职地点属于湖北省者共有 5 件，湖南省有 3 件，汉口特别市有 5 件。此外，两湖区监察委员行署还派员参加了一些监试和监视工作（表 4-7）。

表 4-6　两湖区监察委员行署案件处理情况统计表（1948 年 9 月至 1949 年 2 月）

处理方式	处理时间	案情概况	处理结果
纠举案	1948 年 9 月	向资源委员会纠举中国纺织建设公司汉口办事处主任胡坤荣违反“8·19”限价配售棉纱案	奉监察院的电令补充调查呈复后，尚未接到进一步的指示
纠举案	1948 年 10 月	向行政院纠举汉口市政府秘书长孙际旦侵占德国侨民器物案	已接到监察院的电令，该案经审查成立
纠举案	1948 年 10 月	向财政部纠举汉口市“中国农民银行”经理蒋震扬等兑换黄金舞弊案	已接到监察院的电令，该案经审查不成立
纠举案	1948 年 10 月	向湖北省政府纠举湖北省立第一临时中学校长孙鸣九等贪污渎职案	已接到监察院的电令，该案经审查成立
纠举案	1948 年 11 月	向司法行政部纠举湖南高等法院推事袁柳、聂慎五等违法失职案	已接到监察院的电令，该案经审查成立
纠举案	1948 年 12 月	向湖南省政府纠举湖南省衡阳县救济院院长曾焜违法失职案	已接到湖南省政府的复函，称对该案将依法处理
纠举案	1949 年 1 月	向湖北省政府纠举湖北省政府建设厅下属的武汉轮渡管理处处长郑万选等违法失职案	尚未得到答复
纠举案	1949 年 2 月	向教育部纠举武昌国立海事职业学校校长刘开坤违法失职案	尚未得到答复
弹劾案	1948 年 10 月	弹劾湖北巴东地方法院院长杨位溥贪污违法案	已接到监察院的电令，该案经审查成立
弹劾案	1949 年 2 月	弹劾前汉口市财政局局长汤之镇等违法失职案	尚未接到监察院的指示
弹劾案	1949 年 2 月	弹劾汉口市市长徐会之、汉口市立医院院长邱鸿书违法失职案	尚未接到监察院的指示
纠正案	1948 年 10 月	向教育部纠正湖南第三师范学校校长何子吟违章征收附小教师米粮案	已接到监察院的电令，该案经监察院教育委员会审查成立，并移送教育部办理
检举案	1948 年 9 月 27 日	向武昌地方法院检察处检举国立湖北师范学院院长王治孚等贪污渎职案，行署查获的该案相关证据，全部移送该地检处，并呈报监察院备查	已接到武昌地方法院检察处的复函，称该案已经依法起诉，移送审判

资料来源：《监察院两湖区监察委员行署工作述要》，1949 年 2 月，上海市档案馆馆藏档案，Y2-1-795，第 3-4 页

表 4-7 两湖区监察委员行署监试和监视工作情况表（1948 年 9 月至 1949 年 2 月）

事项	日期	参加人员	工作内容
监试	1948 年 10 月 15 日	行署调查员张海渔	监试 1948 年度特种考试：粤汉区铁路管理局从业人员考试的初级运输人员考试再试
监试	1948 年 10 月 24 日	行署调查员王明德	监试湖北省电务局无线电报务人员考试
监试	1948 年 12 月 11 日	行署委员权少文、李梦彪	奉监察院的派遣，权少文监试武昌区，李梦彪监试长沙区 1948 年度第二次高等考试初试和普通考试的专门职业技术人员考试
监视	1948 年 11 月 14 日	行署调查员魏成德	监视汉口地方法院销毁赃物证品
监视	1948 年 12 月 25 日	行署调查员段兴邦	监视武汉高等特种刑事法庭检察处禁毁烟毒
监视	1948 年 12 月 25 日	行署调查员魏成德	监视中央信托局武汉区敌伪产业清理处第 32 次标售敌伪物资

资料来源:《监察院两湖区监察委员行署工作述要》,1949 年 2 月,上海市档案馆馆藏档案,Y2-1-795,第 4-5 页

早在 1948 年 12 月,两湖区监察委员行署就曾计划迁往湖南长沙办公,但因“经费困窘，实无力预为筹划”。到了 1949 年 1 月，“时局一度紧张，武汉情形岌岌可危”，行署只得先将重要档案装箱，运往长沙交由驻湖南办事处保管，并派员赴长沙选择办公地点。[①]同时，行署还编制了应变经费预算案呈送监察院，请主管机关予以拨付。1949 年 2 月，“地方动荡不安，物价续涨不已，现状几已无法维持”，行署的工作陷入停顿。[②]3 月 26 日，黄芝轩、黄宝实、田欲朴当选为两湖区监察委员行署第二届委员，但三人还未及上任，行署就于当年 4 月撤离武汉。国民党政权败逃台湾以后，两湖区监察委员行署正式撤销。

---

① 《监察院两湖区监察委员行署工作述要》，1949 年 2 月，上海市档案馆馆藏档案，Y2-1-795，第 7 页。

② 《监察院两湖区监察委员行署工作述要》，1949 年 2 月，上海市档案馆馆藏档案，Y2-1-795，第 1 页。

第五章 监察院分区监察制度的运作（三）：皖赣监察使署

一、成立初期：1935~1937年

（一）综述

1. 视察与调查

1935年4月6日，国民政府任命苗培成[①]为监察院安徽江西监察区监察使。苗培成时任国民党安徽省党务特派员，在接到任命后，于4月18日从安庆赶赴南京，在监察院宣誓就职，随后于5月25日返回安庆。5月27

① 苗培成（1894—1983年），山西晋城人，北京大学工科采矿冶金学系毕业，获工学学士学位，于1922年加入国民党。历任国民党山西省党部执行委员、山西省党务改组委员兼“清党”委员、山西省党务指导委员、天津市党务整理委员、中央训练部副部长、安徽省党务特派员、湖北省党部主任委员，山西省政府委员兼教育厅厅长，国民政府军事委员会战区军风纪第二巡察团委员、战地党政委员会第九战区分会委员、战地党政委员会第六战区分会委员，监察院监察委员、专门委员、安徽江西监察区监察使、湖南湖北监察区监察使，“制宪国民大会”代表。曾当选为国民党第三、四届候补中央执行委员，第五、六届中央执行委员。1949年去台湾，曾任台湾当局“总统府国策顾问”，台北县私立复兴美术工艺职业学校校长，“中华民国”各界纪念国父百年诞辰筹备委员会委员，国民党第十、十一、十二届中央评议委员等职。

日，苗培成在安徽省第55次“党政联合总理纪念周”上作了题为《中央设置监察使的意义及监察使的任务》的报告，他指出：“因为按监察院的组织，监委多集中首都，注意全国政治得失，对于地方吏治及人民疾苦，或不易周知，尤其在水旱灾区，政治上一切建设与救济事业，急待切切实实地去做，所以各区监察使的设置更刻不容缓。”[①]6月12日，皖赣监察使署在江西南昌正式成立，7月4日，皖赣监察使署又在安庆设立了安徽办事处。

苗培成在担任皖赣监察使期间还一直兼任国民党安徽省党务特派员，平时常驻安庆办公，皖赣监察使署的日常事务由主任秘书苏寿余代为主持，案件调查则由调查科负责。苗培成在抗战前两年共出巡10次，其中有6次是在江西省境内视察，视察完毕后即返回安庆驻地（表5-1）。1936年底，苗培成巡视江西省第七、八行政督察区各县后返回安庆，此后即未再出巡视察。在巡回视察工作中，苗培成“于视察政府机关及学校外，并视察各地党务，与当地同志晤谈，藉以瞭解地方情形”。[②]

表5-1　皖赣监察使苗培成出巡视察情况表（1935年7月至1936年12月）

日期	视察经过
1935年7月4日~7月27日	视察安徽省境内长江沿岸水利堤防，并慰问灾民
1935年7月29日~8月13日	视察江西省彭泽、九江、永修、武宁、修水、余干、鄱阳、星子、都昌、湖口等地，查看水灾情形
1935年8月下旬	赴南昌视察，奉监察院派遣担任江西省普通考试监试委员，并留监察使署处理重要公务，一周后返回安庆
1935年12月21日~1936年1月1日	视察安徽省蚌埠、怀远、凤台、寿县、正阳关、颍上、阜阳等地，检查各县政务，了解地方社会情形
1936年3月27日~4月16日	视察安徽省境内长江沿岸水利堤防工程进展情况
1936年5月2日~5月6日	视察江西省南昌、新建、临川三县的水利堤防
1936年5月12日~5月23日	巡视江西省上饶、玉山、广丰、横峰、弋阳、贵溪、东乡、进贤、南昌等地，检查各县政务，了解民情
1936年8月13日~8月16日	江西省南昌市遭受严重风灾，苗培成由安庆赶赴灾区视察，并慰问灾民
1936年10月26日~11月8日	巡视安徽省第一行政督察区的潜山、太湖、桐城三县，第三行政督察区的舒城、六安、立煌、霍山等县，查看地方政治及社会情形
1936年12月5日~12月13日	巡视江西省南城、南丰、宁都、广昌、瑞金、临川等县，查看地方政治及社会情形

资料来源：根据苗培成的《皖赣工作纪要》及《监察院公报》所载的有关内容综合而成

① 《中央设置监察使的意义及监察使的任务（1935年5月27日）》，见苗培成：《皖赣工作纪要》，台北：现太印刷有限公司，1977年，第136页。

② 苗培成：《皖赣工作纪要》，台北：现太印刷有限公司，1977年，第22页。

2. 弹劾

自皖赣监察使署成立以后至全面抗战爆发前夕，共计提出弹劾案 27 件，其中 1936 年度有 17 件（表 5-2），占该年度监察院弹劾案件总数（229 件）的 7.4%。在 27 件弹劾案中，属于安徽省范围内者共有 18 件，属于江西省范围内者有 9 件。被弹劾人共有 40 人，其中有县长 12 人，县公安局局长 3 人、公安分局局长 2 人、警佐 1 人，县教育局局长 3 人，县地方税局局长 5 人、总务主任 1 人，县印花烟酒税局局长 1 人，县政府科长 1 人、承审员 2 人、区长 1 人、壮丁巡察队队附 1 人、壮丁巡察队班长 1 人，地方法院检察官 4 人，乡村师范学校校长 1 人，盐务机构食盐鉴定员 1 人。[①]

表 5-2　皖赣监察使署弹劾案件统计表（1935 年 10 月至 1936 年 12 月）

提案时间	被弹劾人	弹劾理由	审查结果
1935 年 10 月 16 日	江西省永修县县长汤爱民	枉法渎职 贪污敛财	成立并移送惩戒
1936 年 2 月 3 日	安徽省芜湖县政府司法科科长尚宗周；芜湖县公安局前任局长张宗汾，禁烟股主任吴端甫，第 2 分局局长李植之，第 4 分局局长褚承业（此案并予以急速救济处分）	枉法贪污 渎职害民	成立并移送惩戒
1936 年 3 月 25 日	安徽省怀宁县地方税局局长黄自中，总务主任吴纯椴	违法渎职	成立并移送惩戒
1936 年 3 月 28 日	安徽省宿县县长曲著勋，县政府粮柜主任齐景从	违法渎职	成立并移送惩戒
1936 年 4 月 24 日	安徽省蚌埠县政府公安局局长何国良	侵吞捐款 违法渎职	成立并移送惩戒
1936 年 4 月 30 日	安徽省当涂县政府教育局前任局长马维贵	贪污违法	成立并移送惩戒
1936 年 4 月 30 日	安徽省宣城县地方税局前任局长李风清	舞弊贪污 违法渎职	成立并移送惩戒
1936 年 5 月 4 日	安徽省和县县政府教育局局长刘季达	在局狎娼 包商收税	成立并移送惩戒
1936 年 5 月 4 日	安徽省广德县前任县长丁炳烺	违背预算，对员警失察	成立并移送惩戒
1936 年 5 月 5 日	安徽省和县县政府教育局局长钱木明	贪污渎职 违法抗令	成立并移送惩戒
1936 年 5 月 11 日	安徽省寿县地方税局局长郑代祜	办事颟顸 违法病民	成立并移送惩戒
1936 年 5 月 11 日	安徽省颍上县地方税局局长刘定齐	违法渎职 浮收税款	成立并移送惩戒

① 苗培成：《皖赣工作纪要》，台北：现太印刷有限公司，1977 年，第 52 页。

续表

提案时间	被弹劾人	弹劾理由	审查结果
1936年6月13日	安徽省当涂县地方税局局长黄哲僧	违法招商包税，侵吞教育税款	成立并移送惩戒
1936年6月30日	安徽省郎溪县县长项昌权，县政府前任公安科科长、现任第一科科长兼该县第一区区长蔡维鲁	违法渎职	成立并移送惩戒
1936年7月4日	江西省九江县前任县长张景煦；九江地方法院前任检察官、现任河口地方法院检察官董燮阳	违法渎职玩忽职务	成立并移送惩戒
1936年12月3日	江西省东乡县县长袁晴晖	玩忽烟禁捏报职员	成立并移送惩戒
1936年12月3日	江西省玉山县县长王震寰	擅自设置区警察，法外收捐	成立并移送惩戒
1936年12月8日	江西省湖口县前任县长王序灏	不依法定手续罚款，匿报罚款收入	成立并移送惩戒

资料来源：根据《监察院公报》所载的有关内容综合而成

（二）案例分析：弹劾江西省九江县县长张景煦案

1. 弹劾案的运作

1936年4月，江西省九江县民众刘云程、刘瑞光等向皖赣监察使署呈递书状，控告九江县县长张景煦及九江地方法院检察处检察官董燮阳违法渎职。皖赣监察使署接到书状以后，立即派调查人员分别前往九江县政府、九江地方法院、江西高等法院等处查询案情，并调取了相关案卷回署，呈送皖赣监察使苗培成审核。

根据案卷所载，九江县政府教育局原有房屋一处，由商户“刘泰茂号”租用开设爆竹店，双方曾于1929年订立租约，以12年为期，每年租金为210银元。后来，因“市面萧条”，“刘泰茂号”的经理刘映藜要求退租，而九江县教育局认为租约已经明确规定租期为12年，不准其退租。1935年6月5日，应九江县教育局的请求，九江县政府派警察将刘映藜之弟刘云程拘捕，羁押在县警察队内。随后，刘云程之子刘瑞光向九江地方法院检察处呈递诉状，控告九江县县长张景煦“假借权力，妨害自由”。7日，该案的承办检察官董燮阳致函九江县政府查询案情，张景煦遂于12日提审刘云程，并命其当庭“具结悔过”，然后予以开释。13日，张景煦复函九江地方法院检察处，称租户刘映藜之“代表人”刘云程共拖欠县教育局租金四百余元，经传讯到案后，仍拒不缴纳欠款，遂下令“权将刘云程予以看管”，“以儆刁顽，而维教育”。九江地方法院检察处收到复函以后，又于

17 日传刘云程到案侦讯。检察官董燮阳认为，张景煦“留置”刘云程以追缴欠款属于一种“行政处分”，“假借权力，妨害自由”的罪名不能成立。25 日，董燮阳决定，该案以不起诉处分结案。[①]

此后，刘云程又向江西高等法院申请再议，江西高等法院检察处首席检察官林炳勋认为董燮阳“办理实有未当”，下令撤销原处分，将案件发回九江地方法院继续侦查。8 月 9 日，张景煦再次派人将刘云程拘押，并呈报江西省政府，称刘云程为当地“著名土劣”，“妨害教育，藉词妄诉”。江西省政府主席熊式辉接到报告以后，指示九江县政府对刘云程应“严令押缴”。随后，九江地方法院检察处致函九江县政府询问拘押刘云程的原因，张景煦竟不予答复。刘云程之子刘瑞光称其父受到严刑拷打，九江地方法院检察官叶薰带检验吏和法警前往九江县政府查验，张景煦又拒不接见，仅派县政府第一科科长吴文津出面接待，并声称该案将以“军法”审判，不必检验。11 日，张景煦利用其兼任“军法官”的职权，援引所谓《修正“剿匪区”内惩治土豪劣绅条例》，判处刘云程有期徒刑五年又六个月，并如数追缴所拖欠的“教育租金”。九江县政府将判决上报国民政府军事委员会委员长行营后，行营军法处认为，该案起于民事纠纷，应当属于司法管辖范围，刘云程是湖北省人，系客籍商民，并无“逞强恃众”，“阻挠政令或地方公益”的行为，不能以土豪劣绅罪论处，遂下令撤销原判决，并将案卷发还，移送江西高等法院办理。[②]

皖赣监察使苗培成认为，租户“刘泰茂号”的产权所有人是刘映藜，而张景煦对于并未负有交租义务的刘云程，“始则滥用权威，非法拘押，终则不惜朦蔽上峰，援用惩治土劣条例，故入人罪”，“蹂躏人权，违法渎职，莫此为甚”。涉案双方因租赁关系发生争执属于民事纠纷，与行政处分无涉，而董燮阳“竟不明案件性质”，未采取必要的侦查措施，即以不起诉处分结案，“如此草率行事，实属玩忽职守”。1936 年 7 月 4 日，皖赣监察使署对张景煦、董燮阳二人一并提出弹劾，呈请监察院将其依法移送惩戒，“以维法纪，而保人权”。该案有关刑事的部分，则由江西高等法院继续办理。[③]

皖赣监察使署弹劾张景煦的呈文送达监察院后，交由监察委员段宏纲、李嗣璁、姚雨平进行审核。三位委员核阅了皖赣监察使署抄送的相关案卷，

---

① 《中央公务员惩戒委员会决议书（鉴字第四五零号）》，《司法公报》第 178 号，1937 年 4 月 8 日，第 27 页。

② 《提劾江西九江前县长张景煦地方法院前检察官董燮阳违法渎职玩忽职务案》，《监察院公报》，1936 年第 93 期，第 9-10 页。

③ 《监察使苗培成弹劾文》，《监察院公报》，1936 年第 93 期，第 10 页。

并提出了审查报告书。报告书指出，“案关追缴欠租，完全租赁关系，纯属民事问题”，张景煦作为九江县县长，并未兼理司法审判事务，“擅自拘押，已属不合”，继而又“假借其职务上权力，故入人罪”，“确属蹂躏人权，违法渎职”。而董燮阳“对此民事问题，强认为行政处分”，未采取必要的侦查措施，就草率结案，“殊违国家设检察制度，以保护民命之本意，实属玩忽职务”。[①]鉴于该案事实清楚，证据充分，审查委员一致认为应将被弹劾人依法移付惩戒。至此，皖赣监察使署对张景煦、董燮阳的弹劾案已正式成立，经监察院院长于右任批准，该案于 1936 年 8 月 7 日以监察院“要字第七五号”公文移送中央公务员惩戒委员会办理，并随附皖赣监察使苗培成所提弹劾案的原文，三位监察委员的审查报告书及该案的相关证据 14 件。随后，监察院发布指令，将弹劾案的审查结果告知了皖赣监察使署。

1937 年 2 月 10 日，中央公务员惩戒委员会召开了审查会议，共有七名委员出席，刘武为会议主席，会议对监察院移付惩戒的张景煦、董燮阳违法失职一案进行了审议。各位委员一致认为，张景煦身为九江县的行政首长，为泄一己之私愤，不惜罗织罪名，朦报江西省政府，并滥用军法职权，“自应受惩戒法上严厉之制裁”。而董燮阳作为司法官员，“竟不明债务之为民事案件，不问县长滥权拘捕人民之是否犯法，敷衍了事，殊难辞失职之咎”。此前，董燮阳曾提交了申辩书，称张景煦“留置”刘云程是为了追缴房租，而该项租金属于九江县教育局办学的公款，“此种办法在行政方面不一而足，要与妨害自由情形不同”。对此，各位委员认为，政府与民众因经济事项发生争执属于司法问题，自应归法院管辖，不得由行政机关自行处置，有国民政府行政法院的相关判例可以为参照，董燮阳“饰词强辩，不能认为有理由”。[②]

根据《公务员惩戒法》的规定，公务人员的违法失职行为“已为不起诉处分，或免诉，或无罪之宣告时仍得为惩戒处分”。[③]此前，刘云程控告张景煦一案经江西高等法院检察官陈立言认定为“罪嫌不足”，以不起诉处分结案。因此，中央公务员惩戒委员会最终通过决议：将被惩戒人张景煦免职，并停止任用一年又六个月，董燮阳减月俸百分之十，为期两个月。随后，中央公务员惩戒委员会将惩戒决议报送司法院，并于 4 月 1 日呈请国民政府执行。4 月 3 日，国民政府发布训令，将该案的处理结果正式公

---

① 《委员段宏纲李嗣璁姚雨平审查报告书》，《监察院公报》，1936 年第 93 期，第 10 页。

② 《中央公务员惩戒委员会决议书（鉴字第四五零号）》，《司法公报》第 178 号，1937 年 4 月 8 日，第 28-29 页。

③ 《公务员惩戒法》，《司法公报》第 127 号，1931 年 6 月 20 日，第 6 页。

布。[①]至此，历时九个月的“皖赣监察使署弹劾张景煦案”宣告结束。

2. 弹劾案的评析

“张景煦案”是皖赣监察使署弹劾地方公务人员的一个典型案例，通过对该案处理过程的分析，可以看出监察院分区监察制度设计和运行的特点。

（1）“张景煦案”的处理过程暴露了监察院工作机制的缺陷。皖赣监察使署提出弹劾案后，监察院仅用了一个月左右的时间就审查完毕并移送惩戒，而中央公务员惩戒委员会直到半年以后才作出决议。惩戒决议书送达之时，张景煦早已卸任九江县县长，赋闲在家，而董燮阳也已经调任江西河口地方法院检察官。正如《监察制度史要》一书所指出的，“因惩戒权之不统一，惩戒机关与监察机关无联系，惩戒机关往往于监察院调查之后，复行调查，不独耗费旷时，抑且予犯法官吏以规避机会……夫以处分之轻微，已不足以慑违法失职者之胆，而又加以处分之迟缓，结果遂形成监察权之无力量。而此种结果之形成，并非由于惩戒机关之不尽职，实由于监察权组织之不完备”。[②]

（2）在南京国民政府统治时期，国民党长期坚持“以党治国”，监察权失去了应有的独立性和权威性，监察院分区监察制度难以发挥实效。国民党政权的最高领导人蒋介石崇尚“军治”，各省区的主政者多为军人出身，他们从维护自身统治利益出发，对监察院分区监察制度的推行采取了抵制态度，面对强势的军权统治，监察权显得软弱无力。在“张景煦案”的处理过程中，江西省政府亦存在严重的失职行为，但江西省主席熊式辉是军人出身，同时还兼任军事委员会南昌行营办公厅主任，而皖赣监察使署的工作人员皆为职业文官，不敢对其提出弹劾。更具有讽刺意味的是，张景煦正是利用其兼任所谓“军法官”的职权，罗织罪名将刘云程判刑，面对九江地方法院的传讯，张景煦竟然声称：“本府暨教育局政务繁冗，刻无暇晷，势难前往。”[③]对于在军权庇护下的地方行政长官，司法机关和监察机关都奈何不得，直到最高军事机关介入以后，案件才出现了转机。这说明，在国民党的“党治”体制下，监察院分区监察制度的运行空间被大大压缩了。

① 《国民政府训令（第二三八号）》，《国民政府公报》第2321号，1938年4月7日，第5页。

② 监察院监察制度编纂处编：《监察制度史要》，南京：汉文正楷印书局，1935年，第155页。

③ 《提劾江西九江前县长张景煦地方法院前检察官董燮阳违法渎职玩忽职务案》，《监察院公报》，1936年第93期，第8页。

二、全面抗战时期：1937~1945 年

（一）视察与调查

全面抗战爆发以后，因国民党安徽省党部的工作繁忙，苗培成一直留在安庆主持党务，未再出巡视察，而皖赣监察使署处理人民书状、调查案件等日常工作均照常进行。1937 年 11 月，苗培成回到南昌处理皖赣监察使署的重要公务，并检查各项工作的进度。12 月 13 日，南京沦陷，皖赣监察使署驻安庆办事处随安徽省党政机关迁往六安办公。12 月 25 日，苗培成又返回安庆视察，并会见了驻防当地的国民政府军第 20 军军长杨森，询问安徽省邻近南京各县的情形。1938 年 2 月，苗培成的任期届满，转任监察院监察委员，国民政府于 2 月 17 日任命监察委员杨亮功[①]继任皖赣监察使。3 月 4 日，杨亮功前往南昌，正式接任视事。6 月 12 日，日军攻陷安庆，8 月 28 日，六安又告沦陷，皖赣监察使署驻安徽的工作人员全部撤回南昌。1939 年 3 月 27 日，日军攻陷南昌，皖赣监察使署随江西省军政机关迁往赣南泰和县办公。

杨亮功上任以后，安徽、江西两省的部分地区相继沦陷，给皖赣监察使署的巡回视察工作带来很大困难。在艰苦的战争环境中，皖赣监察使署的工作人员仍坚持履行职责，1938 年 3 月至 1940 年 7 月，杨亮功在两年多的时间内共出巡视察 11 次（表 5-3）。1939 年底，杨亮功还曾冒险穿过沦陷区，前往皖北地区视察，至次年 3 月才返回赣南驻地，随后对记者发表谈话称："沿途所见我方军纪严明，人民尤为镇定。日军在沦陷区谈不上怀柔政策，奸杀焚劫事，日有所闻……故人民对日军愤恨愈深，急盼国军反攻胜利。"[②]1941 年 10 月，杨亮功又赴皖南视察，随后渡江前往皖北巡视，到 12 月初返回赣南。此后，因沦陷区域扩大，交通阻隔，皖赣监察使

① 杨亮功（1894—1992 年），安徽巢县人，早年毕业于北京大学文科中国文学系，获文学学士学位，后赴美国留学，先后进入斯坦福大学、哥伦比亚大学、纽约大学深造，获教育学硕士、哲学博士学位，于 1930 年加入国民党。历任直隶第一女子师范学校教员，安徽省立第一中学校长，河南省立中山大学文科主任、教授，中国公学副校长，省立安徽大学文学院院长、秘书长、校长，北京大学教育系主任、教授，金陵大学教授，国立安徽大学校长，监察院监察委员、安徽江西监察区监察使、福建浙江监察区监察使、福建台湾监察区监察使，"制宪国民大会"代表。1949 年去台湾，曾任台湾当局"国立编译馆"代理馆长，"教育部"特约编纂，"监察院"秘书长，"考试院"考试委员、副院长、院长，"总统府资政"，国民党第十、十一、十二、十三届中央评议委员，第十一、十二、十三届中央评议委员会主席团主席等职，并兼任"中华教育学协会"会长，逢甲工商学院董事，东吴大学董事长，台湾师范大学教授。

② 《杨亮功谈皖视察观感　我军纪律严明人心镇定　日人焚杀抢掠民众愤恨》，《大公报（香港）》，1940 年 3 月 5 日，第 1 版。

署的视察活动主要局限于江西省尚未沦陷的地区。

表 5-3　皖赣监察使杨亮功出巡视察情况表（1938 年 3 月至 1940 年 7 月）

日期	视察经过
1938 年 3 月中旬~3 月下旬	巡视安徽省立煌、六安、舒城、桐城、贵池、青阳等县，查看地方情形
1938 年 6 月下旬	巡视江西省九江、彭泽、湖口三县政务，视察长江沿岸水利堤防
1939 年 8 月下旬	巡视浙赣铁路沿线的东乡、鹰潭、贵溪、弋阳、上饶等地，视察各县政情及地方抗战工作
1938 年 10 月 14 日~10 月 24 日	巡视赣南地区的赣县、南康、遂川、泰和、吉安和赣西地区的永新、莲花、安福等县，视察地方政务及后方医院
1938 年 11 月中旬	巡视赣西地区的清江、新喻、分宜、宜春、萍乡等地，视察各县战时地方行政，查看伤兵救护及难民救济工作
1938 年 12 月 11 日~1939 年 1 月 8 日	赴皖南地区巡视，视察各县政情，查看后方医院及难民救济工作
1939 年 5 月 1 日~5 月 3 日	巡视江西省宁都、广昌、南丰等县，查看地方情形，视察后方医院设施及管理情况
1939 年 7 月 3 日~7 月 28 日	巡视江西省万安、乐安、峡江、上犹、定南等地，视察各县政务，查看难民救济工作
1939 年 9 月 22 日~10 月 24 日	赴皖南地区巡视，先后到屯溪、宁国、广德、郎溪、宣城、泾县、青阳、石埭、太平等地，视察安徽省政府皖南行政公署所属各机关及各县政务，查看地方社会情形和难民救济工作
1939 年 12 月 1 日~1940 年 3 月 2 日	经皖南过长江赴皖北巡视，先后到立煌、霍邱、颍上、阜阳、蒙城、太和、临泉、六安、霍山、舒城、岳西、潜山、太湖等地，视察安徽省战时政务及地方情形，查看黄泛区灾情及工赈情况
1940 年 6 月下旬~7 月上旬	巡视赣东地区的临川、鹰潭、贵溪、弋阳、铅山、上饶、玉山、广丰等地，视察各县政务，了解人民疾苦

资料来源：根据《监察院安徽江西监察区监察使署工作报告》所载的有关内容综合而成

1944 年 11 月 11 日，已经连续担任皖赣监察使达六年之久的杨亮功转任闽浙监察使，国民政府任命陈肇英[①]继任。此时，因日军入侵赣西地区，

① 陈肇英（1888—1977 年），浙江浦江人，先后毕业于浙江弁目学堂和浙江炮工学堂炮兵将校科，1906 年加入光复会。早年曾在浙军中任职，先后参加过辛亥革命、护国运动和护法运动，历任浙军排长、队官、参谋、临淮兵站部长、军官团团长、营长、团长，援闽浙军第 1 师中将师长兼前敌总指挥，广州护法军政府参谋，临时讨逆军第 1 路司令，虎门要塞司令，立法院立法委员兼军事委员会委员长，国民党福建省党务特派员、福建省党部主任委员、江西省党部主任委员，福建省抗敌后援会主任委员，监察院监察委员、福建浙江监察区监察使、安徽江西监察区监察使。曾当选为国民党二届候补中央执行委员，第二、三、四、五、六届中央执行委员。1949 年去台湾，曾任台湾当局“监察院”监察委员，国民党中央纪律委员会委员，第九、十、十一届中央评议委员等职。

江西战时省会泰和县受到严重威胁，皖赣监察使署于 1944 年 12 月迁往瑞金县办公。1945 年 1 月，日军攻占赣南各县，逼近瑞金，为了安定民心，陈肇英率皖赣监察使署的工作人员在驻地城内巡视，并称日寇已是穷途末路，瑞金决可无患。[①]当年 3 月，战局趋于稳定，陈肇英先后巡视了江西省第八行政督察区的瑞金、宁都、广昌、石城、宁国、雩都、会昌等县，视察各地的党政机关和民众团体，了解人民疾苦，并召开座谈会和民众大会，宣讲抗战形势，鼓舞民众士气。此后，虽然实际的监察区域大为缩小，陈肇英和皖赣监察使署的职员仍坚持开展工作，直至抗战胜利。

（二）监察权的行使

抗战进入相持阶段以后，纠举和建议成为皖赣监察使署行使监察权的主要方式。以 1939 年为例，该年度皖赣监察使署提出弹劾案 3 件，纠举案 9 件，建议案 8 件，共计 20 件（表 5-4）。其中，属于江西省范围内的共有 14 件，属于安徽省范围内的有 6 件。此时期，因战时交通阻隔，皖赣监察使署处理的有关安徽省的案件一直较少。到 1945 年，皖赣监察使署的监察工作又受到赣南战事的直接影响，在该年度上半年未提出弹劾、纠举或建议案。

表 5-4　皖赣监察使署案件处理情况统计表（1939 年 1 月至 1939 年 12 月）

处理方式	处理时间	案情概况	处理结果
弹劾案	1939 年 4 月 20 日	弹劾江西省赣县看守所所长兼管狱员万笃明克扣囚粮案	该案经监察院审查成立，移付惩戒。中央公务员惩戒委员会已经通过决议，将万笃明免职并停止任用三年
弹劾案	1939 年 10 月 13 日	弹劾财政部江西盐务管理局西岸盐务办事处正主任郭绍宗、副主任康荣滔，江西省吉安县盐务收税处正主任施德轮、副主任孙家杰等故酿盐荒，从中牟利案	已接到监察院的电令，该案经审查成立，移送中央公务员惩戒委员会依法办理
弹劾案	1939 年 10 月 22 日	弹劾江西省第七区行政督察专员兼保安司令张抡元治匪不力、贻害地方、勒索贷款，江西省南城县县长樊光俊腐坏军米、酿成瘟疫案	已接到监察院的电令，该案经审查成立，移送国民政府军事委员会军政部依法办理
纠举案	1939 年 2 月 8 日	纠举江西高等法院首席检察官周祖琛偷情旷职案	据国民政府司法行政部复函称已将周祖琛免职

① 李雄、何忆昔：《陈雄夫（肇英）先生事略》，见中国国民党中央委员会党史史料编纂委员会编：《革命人物志》第 17 集，台北：“中央”文物供应社，1977 年，第 212 页。

续表

处理方式	处理时间	案情概况	处理结果
纠举案	1939 年 2 月 17 日	纠举江西省上高县县长刘炳焜违法刑讯案	据江西省政府呈复称，因上高县地处第九战区前线，政务繁忙，“遽易生手，恐滋遗误”，待司法机关侦查终结后，再对该县长进行处分
纠举案	1939 年 4 月 3 日	纠举江西省赣县前任县长王震、赣县县政府第四科前任科长潘公络、第二科前任科长傅鸿阳、赣县飞行场场长罗树敏、赣县飞行场事务所工程股股长李学文、工程股工程员钟声远、江西省第四区行政督察专员黄再等在赣县修筑飞行场过程中营私舞弊案	该案以皖赣监察使署公函送达江西省政府办理
纠举案	1939 年 4 月 12 日	纠举江西省宜春县县长汪以文、宜春县政府秘书梁启宇、宜春县政府参议夏语冰、宜春县政府科员黄光轮等收受贿款案	该案以皖赣监察使署公函送达江西省政府办理
纠举案	1939 年 6 月 4 日	纠举江西省瑞金县看守所所长兼管狱员张炤违法收取人民伙食费用及监所表册不全案	据江西高等法院复函称，已将张炤停职，送交当地司法机关看管，并依法侦办
纠举案	1939 年 6 月 14 日	纠举江西省泰和县县长鲁绳月、泰和县政府科长胡之柄、赵德瑞等纵属舞弊，收受贿款，包庇土膏商案	据江西省政府呈复称，该案已经进行急速救济处分，由省政府派员与泰和县县长鲁绳月会商，决定将胡之柄移交泰和县政府司法处妥善管制，听候法办
纠举案	1939 年 9 月 11 日	纠举江西省泰和县县长兼江西省区救济委员会泰和县支会主任委员鲁绳月克扣难民给养案	该案以皖赣监察使署公函送达江西省政府办理
纠举案	1939 年 11 月	纠举安徽省广德县第一区区长刘声远收受土膏店津贴、侵蚀民夫经费、办理兵役舞弊、擅自受理民事诉讼、滥施羁押案	据安徽省政府皖南行政公署呈复称，刘声远卸任区长后畏罪潜逃，行署已经严令广德县政府加派警力，限期缉拿归案，并呈请安徽省政府对其依法通缉
纠举案	1939 年 11 月	纠举安徽省广德县第三区土桥、石场保保长施德华办理兵役，藉端敛财案	据安徽省政府皖南行政公署呈复称，已饬令广德县政府对该保长依法严惩具报
建议案	1939 年 7 月 10 日	皖赣监察使杨亮功查悉江西省峡江县霍乱盛行，尤以难民死亡最多，且疫苗缺乏，遂向江西省政府卫生处建议迅速扑灭该地霍乱疫情并补充疫苗	江西省政府卫生处已将所需的疫苗拨发至疫区，并派遣医疗队进驻峡江县，以切实防治

续表

处理方式	处理时间	案情概况	处理结果
建议案	1939 年 7 月 25 日	皖赣监察使杨亮功查悉江西省曹安、峡江等县在办理难民救济工作时，或仅发给数天给养，或中途藉故停发难民口粮，遂向江西省政府建议切实加以改善	该案由江西省政府转交江西省赈济委员会办理
建议案	1939 年 9 月	皖赣监察使杨亮功查悉江西省政府工商管理处战时贸易部驻光泽县采购处抑压米价，严重损害了农民利益，遂向该部建议予以适当的处置，以利公平	该案已经送交江西省政府工商管理处战时贸易部办理
建议案	1939 年 11 月	皖赣监察使杨亮功查悉江西省吉安县税警局有部分警员非法搜查没收商民食盐，并有敲诈商户钱财的嫌疑，遂向财政部江西盐务管理局西岸盐务办事处建议予以适当的处置	该案已经送交江西盐务管理局西岸盐务办事处办理
建议案	1939 年 11 月	皖赣监察使杨亮功查悉安徽省政府设立的战区进出口货物检查处名为"检查"，实为征税机关，严重违背国家法令，遂向安徽省政府建议从速撤销	该案已经送交安徽省政府办理
建议案	1939 年 11 月	皖赣监察使杨亮功查悉皖南各地有大批青少年失学，遂向安徽省政府建议在皖南地区增设省立临时中学或商请国民政府教育部设立一所国立中学以资救济	该案已经送交安徽省政府办理
建议案	1939 年 11 月	皖赣监察使杨亮功查悉皖南地区有不法商人勾结当地驻军的部分军官，以运送军粮为名贩运米谷至沦陷区资敌，遂向安徽省政府皖南行政公署建议严加查禁，并商请第三战区兵站统筹购办军粮，以杜绝假冒偷运现象，同时应增加各县的积谷储备	该案已经送交安徽省政府皖南行政公署办理
建议案	1939 年 11 月	皖赣监察使杨亮功查悉皖南各县军民在日常交易中均使用法币，极易流向沦陷区被敌伪利用，遂向安徽省政府皖南行政公署建议：在皖南地区尽量推行地方银行辅币，并收拢法币，以防止外流	该案已经送交安徽省政府皖南行政公署办理

资料来源：《监察院工作报告》，1939 年 11 月，第 10-27 页；《监察院安徽江西监察区监察使署二十八年十一月份工作报告》，江西省档案馆馆藏档案，J045-02-01439；《监察院安徽江西监察区监察使署二十八年十二月份工作报告》，江西省档案馆馆藏档案，J008-01-01365

三、抗战胜利后：1945~1949 年

抗战胜利以后，陈肇英即自瑞金出发巡视泰和、雩都、赣县等赣南地区各县，随后，皖赣监察使署迁回南昌办公。自 1945 年 11 月起，陈肇英又先后巡视了江西省吉安、吉水、峡江、新淦、清江、丰城、万安、德安、南昌等收复区各县市及皖南地区各县。[①]1946 年 4 月至 7 月，陈肇英巡视了安徽省的滁县、嘉山、凤阳、宿县、全椒、和县、怀宁、桐城、舒城、合肥、巢县、当涂、芜湖、至德、庐江、东流、贵池、铜陵、繁昌等地，当年下半年，陈肇英又巡视了江西省的鄱阳、浮梁、乐平、余干、余江、万年、进贤、东乡、贵溪、弋阳、铅山、横峰、玉山、广丰、萍乡、宜春、分宜、新喻、清江、万载、上高、高安、宜丰、九江、永修等县。[②]到了“行宪”前夕，陈肇英已经先后视察了安徽、江西两省的 90 余个县、市。

1946 年 7 月，监察院电令皖赣监察使陈肇英，会同审计部江西审计处处长刘文海、安徽审计处处长许祖烈，调查行政院善后救济总署江西分署和安徽分署的物资处理情况。通过调查，陈肇英等拟具了详细的报告呈送监察院，并针对调查中发现的问题提出了建议案，由监察院转交行政院办理。

此后，皖赣监察使署又多次接到举报，反映善后救济总署江西分署总务组主任马士则等营私舞弊。1947 年 9 月 26 日，马士则畏罪潜逃，善后救济总署江西分署将其撤职，皖赣监察使署随即对该案进行调查。“马士则案”“关系全省善后建设，情节颇属复杂，故引起各界之深切注意与种种之责难”，调查结束以后，皖赣监察使署呈请监察院核准，将该案的详情予以公布。以 1947 年 7 月的物价计算，马士则利用职权贪污获利“当在三四亿元”，至于江西分署的其他职员是否有伙同图利的情况，皖赣监察使署认为由于马士则已经潜逃，缺乏有力证据，但对于马士则的舞弊行为，“分署主管稍加考察，不难予以防范”。时任江西分署副署长并曾代理署长职权的黄学诗“概未加以注意，俾马士则得以从容达到图利目的，实不无失察之处”，此外，江西分署会计室主任陈恩霖、稽核室主任吴福畲亦“难辞失职之咎”。[③]1947 年 10 月，皖赣监察使陈肇英对马士则、黄学诗、陈恩霖、吴福畲四人一并提出弹劾，经监察院审查成立，移送中央公务员惩

① 监察院编印：《监察院工作报告》（1），1946 年 2 月，第 5-6 页。

② 监察院编印：《监察院施政概要》（1），1947 年 5 月，第 4-5 页。

③ 《行政院善后救济总署江西分署业务纪略》，见吴宗慈总纂：《民国江西通志稿》第 32 册，南昌：江西省博物馆，1985 年，第 65-69 页。

戒委员会办理。

1946 年 8 月，监察院委派陈肇英参加湘鄂赣区接收处理敌伪物资清查团，该团第三组负责江西省的清查工作，由国民参政会参政员余楠秋担任组长。8 月 14 日，余楠秋到达南昌，与陈肇英会商后，调派皖赣监察使署主任秘书向忆昔、调查员王骧等参加清查组的工作，并于次日在南昌市内设立办公处。随后，清查组召开了三次座谈会，分别邀请新闻记者，民意机关、司法机关、军警机关和社会团体的负责人到会，听取各界人士对于清查接收工作的意见。此后，清查组会同审计部江西审计处调阅、审查了各机关团体的接收清册，并在报端刊登启事，在各县市张贴布告，设立告密箱，鼓励民众进行检举密告。9 月 1 日，南昌的清查工作告一段落，余楠秋等前往九江，陈肇英留在南昌处理未尽事宜。9 月 10 日，清查组在九江、庐山等地的清查工作结束，余楠秋前往汉口向清查团团长仇鳌报告工作。在江西工作期间，清查组共收到民众的检举书状 45 件，口头密告 6 件，分别进行了调查处理，其中，清查组根据举报查办了第九战区兵站总监部中校科长周敦临隐匿敌伪物资案、经济部湘鄂赣区特派员办公处驻赣办事处接收专员于屏违法舞弊案，并将两案移交司法机关办理。①

在监察权的行使方面，1945 年 10 月至 1948 年 4 月，皖赣监察使署共提出弹劾案 36 件，纠举案 38 件，建议案 11 件。在弹劾案件中，属于江西省范围内者共有 31 件，属于安徽省范围内者有 5 件；在纠举案件中，属于江西省范围内者共有 36 件，属于安徽省范围内者仅有 2 件。在被查处的公务人员中，包括江西省第一区行政督察专员兼保安司令熊鋆、第五区行政督察专员兼鄱阳县县长邓子超、第九区行政督察专员兼保安司令康景濂、江西省政府委员兼民政厅厅长王次甫等地方要员，以及江西、安徽两省的 40 名县长。②

“行宪”以后，皖赣监察使署停止办公，1948 年 7 月 29 日，黄觉、金维繫、林式增当选为皖赣区监察委员行署第一届委员。9 月 1 日，皖赣区监察委员行署在南昌正式成立。因时局动荡，行署的各项工作均难以开展。1949 年 3 月 26 日，陈访先、任秉钧、毕东垣当选为皖赣区监察委员行署第二届委员，但三人还未上任，行署就于当年 5 月随国民党江西省军政机关撤离南昌。国民党政权退据台湾以后，皖赣区监察委员行署正式撤销。

---

① 《湘鄂赣区清查团工作报告》，见接收处理敌伪物资清查团联合办事处编：《接收处理敌伪物资清查团工作总报告》，1947 年，第 28-30 页。

② 《皖赣监察使署概况》，见吴宗慈总纂：《民国江西通志稿》第 28 册，内部印发，南昌：江西省博物馆，1985 年，第 177-183 页。

第六章 监察院分区监察制度的运作（四）：闽台监察使署

抗战胜利以后，为应对台湾光复，监察院设立了福建台湾监察区监察使署（简称闽台监察使署）。从台湾光复到台湾“二·二八事件”发生前后，闽台监察使署作为国民政府处理涉台事务的重要机构，在监察院分区监察制度的框架下参与了光复初期台湾的政治进程。

一、光复初期：1945~1947年

在监察院分区监察制度施行伊始，即于1935年6月成立了监察院福建浙江监察区监察使署。闽浙监察使署设于福州，辖区为福建、浙江两省，抗战期间曾迁往福建省连城县办公，1945年8月抗战胜利，闽浙监察使署迁回福州办公。随后，监察院“并以台湾初行收回，有早日实行监察必要，当将福建浙江监察区酌予更划，以福建台湾为一监察区，而以浙江自为一监察区”。[①]1945年10月22日，国民政府任命原闽浙监察使杨亮功为闽台监察使，闽台监察使署在福州正式成立，并在台北设立了驻台湾办事处。

① 监察院编印：《监察院工作报告》（1），1947年2月，第25页。

监察院制定的《监察使署组织条例》规定，“监察使承监察院之命，综理全署事务”。监察使署下设秘书室、调查科、总务科，分掌文书、调查、庶务事项。[①]闽台监察使署成立之初，除监察使杨亮功外，共有职员 27 人，包括主任秘书 1 人，秘书 1 人，科长 2 人，科员 3 人，股长 2 人，调查员 4 人，会计员 1 人，统计员 1 人，佐理员 1 人，助理员 5 人，书记员 3 人，办事员 3 人。[②]其中，秘书祖山竹兼任闽台监察使署驻台湾办事处主任。[③]

1945 年 10 月 25 日，中国战区台湾省受降仪式在台北举行，11 月 1 日，台湾的接收工作全面展开。闽台监察使署自 1945 年 11 月起开始在台湾行使职权，到台湾“二·二八事件”发生前夕，闽台监察使署主要在台湾开展了以下几个方面的工作。

（一）巡回视察

监察院在地方上推行分区监察制度，设立监察使署的初衷，就是“为便于行使巡回监察职权”。[④]《监察使巡回监察规程》规定：“监察使应就所派监察区内巡回视察。”[⑤]因此，巡回视察不仅是监察法规赋予监察使的重要权力，也是其必须履行的职责和义务。抗战胜利以后，为加强收复区的监察工作，监察院“为配合行政及督查接收情形，在日本投降之初，即令各收复区监察使克日出巡”。[⑥]闽台监察使杨亮功上任后，首先巡视了福建省沿海各县、市，随后即于 11 月中旬赴台湾，到台北、台中、高雄等主要城市视察接收工作的进展情况。[⑦]1946 年 1 月 16 日，杨亮功又赴台湾巡视，历时一个多月，至 2 月下旬离台。10 月 13 日，杨亮功再次赴台巡视。至此，在台湾光复后一年内，闽台监察使杨亮功先后三次赴台湾巡回视察，巡视区域涵盖了全台 17 个县市。[⑧]

---

① 《监察使署组织条例》，监察院编印：《监察院公报》，1936 年第 77 期，第 3 页。

② 《国民党福建省直属第十四区分部（闽台监察使署）党员名册及申请登记党团员经审查合格者名册》，福建省档案馆馆藏档案，0082-004-000184，第 1-4 页。

③ 台湾省行政长官公署人事室编印：《台湾省各机关职员录》，1946 年 7 月，第 338 页。

④ 监察院监察制度编纂处编：《监察制度史要》，南京：汉文正楷印书局，1935 年，第 148 页。

⑤ 《监察使巡回监察规程》，监察院编印：《监察院公报》，1935 年第 30 期，第 1 页。

⑥ 《宣慰收复区同胞 各区监察使出巡 纠弹不肖收复人心》，《中央日报》，1945 年 11 月 11 日，第 2 版。

⑦ 监察院编印：《监察院工作报告》（1），1946 年 2 月，第 5-7 页。

⑧ 监察院编印：《监察院施政概要》（1），1947 年 5 月，第 5 页。

（二）案件调查

调查权是监察使署的一项重要职权，调查工作关乎监察院分区监察制度的运行效率。正如苏浙区监察委员行署在其工作报告中所指出的："行署业务之表现，端在调查。盖调查乃行署之灵魂，无调查则不能行使监察权，不能行使监察权，则行署直等虚设尔。"[①]闽台监察使署在台湾调查案件一般采取"行查"的方式，将收到的案件线索移交给相关的地方政府或司法机关，委托其代为调查。例如，1946 年 3 月 21 日，闽台监察使署发函委托台湾高等法院调查台中地方法院院长被诉非刑迫供一案；[②]1946 年 6 月 21 日，闽台监察使署发函委托台湾省行政长官公署调查台湾驻军某部军官贪污不法一案。[③]此外，对于较为重要的案件，闽台监察使署则采取"派查"的方式，即直接派员调查。例如，1946 年 3 月，闽台监察使署委派驻台湾办事处主任祖山竹调查台湾高等法院检察处检举台湾高等法院院长一案。[④]

（三）行使监察权

巡回视察和案件调查的后续工作是行使监察权，监察使署行使监察权的方式主要有弹劾、纠举和建议，弹劾与纠举都属于事后监察，而建议则属于事前监察的范畴。例如，1947 年 2 月，经过前期调查，掌握相关证据后，闽台监察使署向台湾省行政长官公署提案纠举：台北市警察局前军械股主任等在搜查日本人遗留药品时，有隐匿侵占嫌疑一案。[⑤]1946 年 3 月，闽台监察使杨亮功自台湾巡视归来，提出了两项建议案呈送监察院：一是建议呈请国民政府令饬地方政府查明台湾革命先烈及爱国志士，分列褒奖案；二是向国民政府教育部建议准由台湾行政长官公署，保送台湾学子入国内大学肄业，并予以资助案。[⑥]

---

① 《监察院苏浙区监察委员行署工作报告》，1949 年 3 月，上海市档案馆馆藏档案，Y4-1-867，第 1 页。

② 《闽台监察使署工作日记》，1946 年 3 月，福建省档案馆馆藏档案，0041-001-000227，第 21 页。

③ 《闽台监察使署工作日记》，1946 年 6 月，福建省档案馆馆藏档案，0041-001-000229，第 21 页。

④ 《监察院、司法行政部与闽台监察区监察使署关于查办台湾高等法院院长杨鹏贪污失职案来往文件（1946 年 1-11 月）》，见陈云林主编：《馆藏民国台湾档案汇编》第 75 册，北京：九州出版社，2007 年，第 337 页。

⑤ 《监院弹劾纠举案》，《中央日报》，1947 年 4 月 1 日，第 2 版。

⑥ 《本月一至十四日监院纠弹各案》，《中央日报》，1946 年 3 月 19 日，第 3 版。

（四）监试工作

台湾光复以后，南京国民政府的文官考试制度也开始在台湾推行。1946年4月1日，国民政府考试院举办1946年度第1次司法人员考试，包括高等考试司法官初试，普通考试法院书记官、监狱官、会计人员、统计人员四类考试。考试院在全国12个大中城市设立了考点，其中就包括台北市，这是国民政府首次在台湾举行文官考试。监察院提请国民政府简派闽台监察使杨亮功为监试委员，负责台湾试区的监试工作。随后，杨亮功前往台湾主持此次考试的监试工作，其后又在台北市视察，至4月9日离台。[①]1946年10月20日，考试院举办第十五届高等考试初试，包括普通、教育、社会、土地、卫生、经济各类行政人员、财政金融人员、户政人员、外交官及领事官、会计及审计人员、统计人员、建设人员12类考试，台北市再次被列为考试地点。此前，闽台监察使杨亮功已于10月13日到台湾巡视，国民政府再次简派杨亮功为考试委员，负责台湾试区的监试工作。[②]

二、台湾“二·二八事件”的调查与善后：1947~1949年

台湾“二·二八事件”发生后，闽台监察使署处于应对事变的第一线，是最先介入台湾“二·二八事件”的国民政府中央机构，全程参与了事变的调查处置和善后处理。

（一）事件调查

台湾“二·二八事件”发生后，国民政府派闽台监察使杨亮功赴台湾调查处置事变并巡视慰问，闽台监察使署调查员2人、助理员1人随行。1947年3月8日，杨亮功一行抵达台湾基隆，随后转赴台北。当时，台湾岛内的局势仍然十分混乱，杨亮功等在军警的保护下奔走于台湾各地，调查事变情况。闽台监察使署调查员鲍良傅、鲍劲安走访了事件当事人，查阅了相关资料，撰写了台湾“二·二八事件”的详尽调查报告并附上调查

---

① 《光复后大事年表》，见台湾新生报社编：《民国三十六年度台湾年鉴》，1947年，第9页；考试院编印：《第四届国民参政会第三次大会考试院工作报告书》，1947年3月，第11页。

② 陈天锡：《戴季陶（传贤）先生编年传记》，台北：文海出版社，1957年，第371页。

笔录呈报国民政府。在台湾期间，杨亮功与台湾各级政府机关和社会各界人士广泛接触，商讨平息事变和善后处理的办法，每到一地就前往当地医院视察慰问在事件中受伤的民众。3 月 11 日，杨亮功向台湾全省发表了广播讲话，代表国民政府向台湾民众表达了慰问之意，呼吁尽快恢复社会秩序以安定人心，并明确表示："对于违法失职贪污舞弊之公务员，地方人士亦可尽量检举，政府为了国家纲纪，为了人民利益，对于此等公务员自当依法惩处，以慰民望。"最后，杨亮功强调："台湾为中华民国之一省，与祖国有不可分割之关系，我们应当以整个国家民族福利为前提，放大眼光，无分省界，不分彼此，协力同心，共济时艰，努力建设，完成中华民国复兴之大业。"[①]

（二）善后处置

在应对台湾"二·二八事件"的过程中，闽台监察使杨亮功一直力主采取宽大处理的方针。1947 年 3 月 24 日，杨亮功致电监察院院长于右任，指出："惟近查台省在此戒严期中，各方被捕失踪者甚多，人人均感惴惴不安，似此殊失收抚人心之道，长此以往，台局前途至为可虑。"为此，杨亮功建议国民政府指示台湾地方当局"除参与此次事变之首要外，不得滥事拘捕，至对于煽动暴动嫌疑须惩办者，应正式依法判"。[②]事变平息后，杨亮功与监察委员何汉文向监察院提出了《台湾善后办法建议案》。建议案分为政治、军事、文化教育、经济、土地与粮食、人事、民意机关和其他八个方面，其主要内容包括：改台湾行政长官公署制度为省政府制度，省政府主席不再兼任台湾警备总司令，台湾各级地方政府官员应慎选省内外人士掺杂任用，并在适当时机推行各县、市长民选；在台湾切实推行国语、国文并加强本国历史、地理及公民教学，推动内地与台湾青年学生的交流，公费资助、选送台湾学生到内地高校就读，并鼓励内地学生到台湾高校就读；撤销专卖局，改为烟酒公卖局，撤销贸易局，改为物资供应处，其职权仅限于台湾省营工业成品之外销、机器原料之采购，并由中央政府出资补助台湾产业的发展，台湾各级地方当局亦应着力解决失业问题；注重农村经济之发展与农民生活之改善，将台湾岛内国民政府接收日伪的土地分

---

① 《杨亮功对台湾全省广播词（1947 年 3 月 11 日下午 7 时）》，见陈兴唐主编：《台湾二·二八事件档案史料》下册，北京：档案出版社，1991 年，第 689-690 页。

② 《杨亮功、何汉文为请令饬台湾省当局不得滥事拘捕事致于右任电（1947 年 3 月 24 日）》，见陈兴唐主编：《台湾二·二八事件档案史料》下册，北京：档案出版社，1991 年，第 747 页。

配给佃农和贫农耕种，对于地主则应令其减租减息，并严格取缔粮食囤积。[①]该建议案呈报监察院后，由监察院院长于右任转呈国民政府。

光复初期，闽台监察使署在台湾行使职权可谓是尽职尽责，应对处置台湾“二·二八事件”亦可谓尽心尽力。尤为难能可贵的是，闽台监察使杨亮功熟稔台湾的社情民意，能够注意体察台湾民众的诉求，在坚持维护国家统一和领土主权完整立场的前提下，力图缩小台湾“二·二八事件”的波及范围和后续影响，尽量降低事件对台湾民众造成的感情和心理上的创伤，这与台湾地方当局在事件处置中乖张暴戾的表现形成了鲜明的对比。

但是，从实际效果来看，闽台监察使署的尽心履职并未对光复初期的台湾政局产生重要的实质性影响。究其原因，主要有以下几个方面。

（1）在国民党的“党治”体制下，国家权力配置失衡，监察机关处于边缘和弱势地位。从本质上来说，行政监察制度是通过对行政权力运行的监督与制衡来维持国家机器的正常运转，这就要求在民主与法治的政治环境下，真正实现监察权的独立，以便充分发挥行政监察制度的效能。监察权本应是强制性的监督权力，作为中央政府派驻地方的行政监察机关，闽台监察使署却只有行政检举权，没有行政处分权，对于辖区内的贪腐案件，只能进行调查和检举，而无权进行惩处，也就无法有效遏制腐败的蔓延。

（2）南京国民政府是一个弱势的中央政府，国家整合的失败催生了强势的地方政权，中央与地方无法形成监督合力。在南京国民政府统治时期，地方主义膨胀，中央权威低落。由于弱势的中央政府无法完成国家整合，在“人治”盛行的社会文化环境下，“官本位”等传统观念的影响根深蒂固，任人唯亲、官官相护等官僚政治的陈规陋习依旧是现实政治生活的潜在准则。光复初期的台湾实行的是类似于日据时期总督体制的行政长官公署制度，主政者陈仪是军人出身，又兼任台湾警备总司令，掌握着地方军政大权，而闽台监察使杨亮功及其属员都是文职人员，有职无权。面对强势的地方政权和盘根错节的士绅势力，闽台监察使署在台湾的监察工作难以达到预期的效果。

（3）在国民党专制和腐败统治的政治大环境之下，监察机关的社会公信力弱化。此前，在中国历代王朝的国家政权体系中，监察官员一直享有极其崇高的地位和声望，普通百姓遇到冤屈时，素有向御史告状的传统。

① 《杨亮功、何汉文关于台湾二·二八事件调查报告及善后办法建议案（1947年4月16日）》，见陈兴唐主编：《台湾二·二八事件档案史料》上册，北京：档案出版社，1991年，第289-294页。

南京国民政府设置的“监察使”与我国古代的“监察御史”仅一字之差，有利于消解官民对立情绪，从而缓解社会矛盾。但是，光复初期台湾各级政府机构的腐败愈演愈烈，不仅动摇了国民政府的统治基础，也导致闽台监察使署在台湾社会的公信力弱化，民怨沸腾无处宣泄，社会正义得不到伸张，最终引发了台湾的“二・二八事件”。

第七章 监察使署运作的比较分析

江苏监察使署、两湖监察使署和皖赣监察使署的辖区涵盖了长江中下游地区的江苏、上海、南京、湖南、湖北、安徽、江西等省市，南京国民政府对上述地区的控制力较强，政权基础较好。监察院在全国设立的各监察使署中，江苏、两湖、皖赣三个监察使署成立最早，存在时间最长，而且辖区一直未发生变动。[①]因此，对这三个较有代表性的监察使署的运作情况进行比较分析，当可一窥监察院分区监察制度运行的全貌。

一、阶段性特征

江苏、两湖、皖赣三个监察使署（以下简称各监察使署）的运作情况呈现出阶段性的特征。

在成立初期，各监察使署的巡回视察工作得以顺利开展，到抗战前夕已经基本完成了对辖区内各县市的巡视。此一时期，长江中下游地区时常发生自然灾害，在监察院的督促下，各监察使署均以防灾救灾作为视察工作的重点，并取得了显著成绩。各区监察使在外出巡视期间，“遇有各项灾

① 在监察院首批设立的江苏、皖赣、闽浙、湘鄂、河北、豫鲁、甘宁青七个监察使署中，河北监察使署和豫鲁监察使署的辖区是南京国民政府控制力较弱的地区，而且在抗战时期大部分沦陷；甘宁青监察使署地处偏远，地方实力派在其辖区内的影响力较强；闽浙监察使署在抗战胜利后撤销，分设浙江、闽台两个监察使署。相比之下，江苏、两湖、皖赣三个监察使署更具有典型性和代表性。

情，必亲身调查确实，详列报告”，呈送监察院参考，对于各处汛情及水利堤工，各区监察使均能切实查勘，根据视察所得实际情况，加具意见，编制成报告书呈交监察院，并由监察院“送请中央主管机关注意整进工作”。[①]此外，各监察使署还对本监察区的一般政治、经济及社会状况进行了调查。例如，两湖监察使署在成立的第一年内，即根据本署《调查工作大纲》及《专门调查工作实施纲要》的规定，将已经调查完毕的各类事项，“如公务员之年龄籍贯任期及党籍，湘鄂各县田赋正税暨各项附加之税额及税率，湘鄂各县之仓储容量及积谷石数，湘鄂两省在监人犯之罪名刑名及刑期，以及湘鄂两省教育之概况，先以归纳方法分类统计，并绘制各种图表，藉以考察以往政治之得失，而为未来兴革之参考”。[②]

在全面抗战爆发前，提案弹劾是各监察使署行使监察权的主要方式。被各监察使署弹劾的公务人员多为荐任职和委任职，被弹劾人的任职机关多属县一级或县以下的区、乡、镇一级，其中现任和前任的县长共有 42 人，司法官员有 27 人，军警人员有 41 人，三者合计为 110 人，占到了被弹劾人员总数（205 人）的一半以上（表 7-1）。县长为“亲民之官”，“措施得失，直接影响于民众者甚钜”，司法人员“处理民刑诉讼，动辄关涉人民之生命财产”，军警人员“保卫地方治安，直接关系地方秩序及人民之自由”，因此，在上述三类地方公职人员中被弹劾者较多。[③]此外，原本负有督导考核各县政务职责的行政督察专员，也成为被监察使署弹劾的对象。例如，在 1935 年 10 月，两湖监察使署提案弹劾了湖北省第七区行政督察专员兼江陵县县长雷啸岑，行政督察专员系简任职官员，在抗战前被各监察使署弹劾的公务人员中官阶最高。

表 7-1 各监察使署弹劾人员任职情况统计表（1935 年 7 月至 1937 年 6 月）

职别	县长	司法人员	军警人员	其他行政人员	小计
江苏监察使署	7	12	13	11	43
两湖监察使署	23	9	20	70	122
皖赣监察使署	12	6	8	14	40
总计	42	27	41	95	205

资料来源：根据《监察院公报》所载的有关内容综合统计而成

全面抗战爆发以后，江苏监察使署的辖区几乎全部沦陷，各项工作都

① 监察院编印：《监察院工作报告》，1937 年 2 月，第 3 页。

② 《监察院湖南湖北监察区监察使署二十四年度年刊》，1937 年 2 月，湖北省档案馆馆藏档案，LSA2.5-6，第 524 页。

③ 《国民政府政绩总报告·监察》，1946 年 11 月编印，第 5 页。

难以开展，两湖监察使署和皖赣监察使署的巡回视察工作也受到严重影响。在这一时期，各监察使署的视察工作均带有明显的战时特征，在视察活动中重点关注难民救济、伤兵救护、征兵征粮、战地政务、后方交通等事项。此外，监察院还根据国民政府每年度“施政纲要之中心工作，及因临时发生之重大事项”，指派各监察使署进行特定事项视察，“期以增加推行效率，或为紧急之纠正与促进”。[①]从工作方式来看，早在成立初期，各监察使署采取委托方式调查的案件就已经远远超过了其自行派员调查的案件，到了抗战时期，这一趋势更加明显（表 7-2）。“而按其结果，委托调查远逊派员调查之迅速实在”，[②]因此，各监察使署历年制订的工作计划，“均经规定增加派员调查案件，徒以限于经费人力，未能达到预期之进度”。[③]

表 7-2　两湖监察使署调查案件统计表

时间	行查	行查比例	派查	派查比例	总计
1935 年 6 月—1936 年 6 月	569	82.6%	120	17.4%	689
1940 年 3 月—1940 年 12 月	121	89%	15	11%	136

资料来源：《监察院湖南湖北监察区监察使署二十四年度调查统计图表汇编》，湖北省档案馆馆藏档案，LSA2.5-5，13 页；监察院编印：《监察院施政概要》，1941 年 2 月，第 5 页

监察院在全面抗战爆发以后制定《非常时期监察权行使暂行办法》，纠举和建议逐渐取代弹劾，成为各监察使署行使监察权的主要方式。在抗战时期，监察院“为适应非常时期之需要，一切监察工作，注重事前监察”，各监察使“奉派在调查或视察时，遇有公务员违法失职之情节轻微者，率多随时随地，以各种方法，直接与各该主管长官依法处理之，至其情节较为重大者，始以书面纠举或提劾”。[④]再加上辖区沦陷导致案件来源减少，各监察使署每年度查办案件的数量远不如抗战前。对于“有时间性或紧急案件”，各监察使署均以纠举代替弹劾，[⑤]因此，弹劾案件数量的减少更为明显。例如，1940 年 8 月至 1945 年 8 月，两湖监察使署共提出弹劾案 35 件，尚不及全面抗战爆发前两年所提弹劾案件总数（77 件）的一半。不过，由于各监察使署对于视察与调查工作较为重视，“实地查察施政情形，而对于公务员之违失行为，易于发觉”。[⑥]因此，在抗战时期被各监察使署查处

① 《“抗战时期迁都重庆之监察院”行政史实稿》，见许增紘主编：《于右任在重庆》，北京：团结出版社，2001 年，第 227 页。

② 监察院编印：《监察院工作报告》上册，1941 年 10 月，第 17 页。

③ 监察院编印：《监察院工作报告》（1），1945 年 4 月，第 18-19 页。

④ 监察院编印：《监察院施政概要》，1939 年 2 月，第 1 页。

⑤ 国民政府编印：《国民政府政绩总报告·监察》，1946 年 11 月，第 5 页。

⑥ 国民政府编印：《国民政府政绩总报告·监察》，1946 年 11 月，第 5 页。

的高级官员反而多于抗战前。

抗战胜利以后，各区监察使“立即驰往收复区实地视察，抚循慰问，并督促各地方政府办理善后救济事宜，对于接收复员工作裨益良多”。[①]随着战后复员工作的进行，各监察使署的运作也逐渐恢复常态，但不久以后，国共内战接踵而至，各监察使署的巡回视察工作又受到严重影响。1946 年 7 月，监察院委派各监察使署会同审计人员调查了行政院善后救济总署及各分署的物资处理情况，参与调查的各区监察使“均有详细报告，并据所得情形，分别提出建议，转送该主管机关，请予核办各在案”。[②]随后，各监察使署又奉派参加了各区接收处理敌伪物资清查团的工作，但各地的清查工作成效不彰，未能达到预期的目的。1947 年以后，各监察使署在视察工作中继续关注民生疾苦、重视整顿吏治，同时也为国民党政权的独裁统治及其内战政策服务。

此时期，各监察使署提出的弹劾、纠举和建议案，大多与接收复员工作、检举惩办汉奸及善后救济事务有关。在抗战胜利后的两年内，除了江苏监察使署以外，两湖监察使署和皖赣监察使署查办案件（包括弹劾案件和纠举案件）的数量均超过了全面抗战前两年。在这一时期，由于战后接收工作舞弊横生，各监察使署查处的简任职以上公务人员也远远多于全面抗战前，两湖监察使署曾先后提案弹劾前任湖北省政府主席王东原和现任国防部参谋次长郭忏，自 1935 年监察院分区监察制度实施以来，王东原、郭忏二人在各监察使署查处的公务人员中官阶最高。但是，涉及高级官员的案件后续处理难度较大，这些案件虽然轰动一时，但最后往往是“无果而终”，涉案官员大多没有受到实质性处罚。

二、地区性差异

江苏、两湖、皖赣三个监察使署的运作情况，除了呈现共同的阶段性特征外，也存在地区性的差异。

从表 7-3 可以看出，在全面抗战前两年，两湖监察使署的弹劾案件数和弹劾人员数均超过了江苏监察使署和皖赣监察使署的总和。而从表 7-4 可以看出，在江苏、两湖、皖赣三个监察使署的辖区中，湖南省和湖北省

---

① 《“抗战时期迁都重庆之监察院”行政史实稿》，见许增紘主编：《于右任在重庆》，北京：团结出版社，2001 年，第 227 页。

② 监察院编印：《监察院施政概要》（1），1947 年 5 月，第 8 页。

的被弹劾人数在监察院分区监察制度实施以后均出现了较大幅度的增长，湖南省在 1936 年度的被弹劾人数（81 人）甚至超过了过去五年中的被弹劾人员总数（42 人）。在抗战时期，各监察使署辖区的沦陷情况不同，考虑到案件来源的问题，各监察使署在这一时期的运作情况无法进行比较。抗战胜利以后，各监察使署行使监察权的方式又有所差异。从表 7-5 可以看出，自抗战胜利后至 1948 年“行宪”前夕，江苏监察使署以纠举和建议作为行使监察权的主要方式，两湖监察使署则以弹劾的方式为主，纠举的方式为辅，提出的建议案比较少，而皖赣监察使署则采取了弹劾与纠举并重的方式。从弹劾、纠举和建议各案的总数来看，还是以两湖监察使署为最多，皖赣监察使署比全面抗战前两年有较大幅度的增长，而江苏监察使署则明显偏少。

表 7-3 各监察使署弹劾案件统计表（1935 年 7 月至 1937 年 6 月）

监察使署名称	弹劾案件数/件	被弹劾人数/件
江苏监察使署	30	43
两湖监察使署	77	122
皖赣监察使署	27	40
总计	134	205

资料来源：根据《监察院公报》所载的有关内容综合统计而成

表 7-4 各省市被弹劾人数统计表（1931 年至 1936 年） 单位：人

省市名称	1931 年	1932 年	1933 年	1934 年	1935 年	1936 年
江苏省	17	18	51	65	30	50
南京特别市	1	1	9	20	2	4
上海特别市	0	6	5	3	9	12
湖南省	8	3	15	4	12	81
湖北省	5	3	13	8	21	44
安徽省	14	24	27	15	28	24
江西省	3	17	9	13	10	10

资料来源：常泽民：《中国现代监察制度》，台北：商务印书馆，1979 年，第 140 页

表 7-5 各监察使署案件处理情况统计表（1945 年 9 月至 1947 年 12 月）单位：件

监察区	弹劾案	纠举案	建议案	总计
江苏监察使署	4	20	10	34
两湖监察使署	63	29	2	94
皖赣监察使署	32	38	11	81

资料来源：根据 1945 年 9 月至 1947 年 12 月，《中央日报》《申报》《大公报》《益世报》等报刊所登载的监察院弹劾、纠举、建议案件综合统计而成

通过上述分析，可以看出江苏、两湖、皖赣三个监察使署在不同历史阶段的运作情况存在一定程度的差异，造成这种差异的原因可以归纳为两个方面。

（1）各监察区内的政治现实和吏治状况。

早在监察院实行分区监察制度之初，就曾有时论指出："内地各处，交通既不方便，舆论又无力量，人民所受强暴贪污的压迫必较京沪一带为尤甚，监察使为人民的喉舌，当深入民间，访问疾苦，使向之为一般人所不能言不敢言者，得有宣达于上的机会，因以解民倒悬，拯民水火，则监察使的职位为不虚设，监察使署的经费为不徒耗。"[①]湖南省和湖北省距离南京国民政府的统治中心相对较远，"吏治较其他各省者为窳败"，基层政权的腐败尤为严重，本应为"亲民之官"的县、区、乡级公务人员，实际上大多成了"苛扰之官"。[②]因此，在江苏、两湖、皖赣三个监察使署中，两湖监察使署历年查办案件的数量最多，工作成绩较为突出。而在国民政府首都南京周边地区的江苏、上海、安徽、江西诸省市，各地民众遇有冤屈往往会直接向监察院呈诉，各级公务人员的违法失职案件多由监察院直接派员进行调查处理，因此，江苏监察使署和皖赣监察使署历年查办案件的数量也就相对较少。

（2）历任监察使的个人素质和工作能力。

作为监察院推行分区监察制度的承担者和执行者，监察使的个人素质和工作能力会直接影响各监察使署的运作成效。曾经两度担任两湖监察使的高一涵是民国时期著名的政治学家和法学家，在行政监察领域的理论研究方面卓有建树，他的诸多理念和主张并不是流于空谈，而是贯彻到了监察工作实践中。高一涵深知，"负监察使命者，职司国家风宪"，自上任以后，"无日不兢兢业业……凡系法所应为，力所能及，无不竭诚为之，冀稍能上以维护国家之纲纪，下以减轻人民之痛苦"。[③]在高一涵的任内，两湖监察使署的工作成效颇为显著。与高一涵形成鲜明对比的是在抗战胜利后被任命为江苏监察使的程中行。程氏原本出身于报界，上任时"原勉强而后行"，后来又以"专心办理新闻事业"为由而多次请辞，终于获准，"得遂素愿"。在卸任时程中行坦承，"一年以来，多承各方爱护与辅助，实无

① 《向七监察使进一言》，《华年》，1935年第4卷第16期，第1页。

② 《请省府慎重县长人选案》，湖北省参议会编印：《湖北省参议会第一届第一次大会纪录》，1946年12月。

③ 《高一涵序》，见《监察院湖南湖北监察区监察使署二十四年度年刊》，1937年2月，湖北省档案馆馆藏档案，LSA2.5-6，第1-4页。

成绩可言”。[①]

（一）监察权的内涵与配置

南京国民政府实行五权分立的政治体制，1928 年 10 月 3 日，国民党中央政治会议通过了《国民政府组织法》，其中规定：“监察院为国民政府最高监察机关”，依法行使弹劾与审计两项职权。[②]1930 年 1 月，高一涵编著的《政治学纲要》一书出版，他在该书中指出，“国民政府关于监察制度的历次法规或草案，多把弹劾权看做监察权，将历来监察权中所包括的各种监督行政权，一概抹煞，这是最值得讨论的地方”。他还认为，监督行政权是弹劾权的前因，弹劾权是监督行政权的后果，两者之间“有必不可离的关系”，因此，“……要想使弹劾权有效，一定要使监察院得行使各项行政的监督权……如果监察院丧失监督行政权，那么，弹劾权便形同虚设了”。[③]1933 年 4 月 1 日，时任监察委员的高一涵又在《东方杂志》上发表文章《宪法上监察权的问题》。在文章中，高一涵重申了行政监督权应当归属监察院的主张，并具体地指出：“……教各官署将施政的状况，任免人员的经过，与考核人员的成绩等，向监察院报告，使监察院明瞭一切公务人员在职的情状，那么，监察院的监察自然要比较的周密得多了。”[④]

在南京国民政府的行政监察体制之下，监察院对于违法失职的公务人员，只有弹劾之责，而无惩戒之权，弹劾案件提出以后，必须移送至专门的惩戒机关全权审理，监察机关不能参与。对此，高一涵认为，弹劾案件的审理与普通的司法审判性质不同，属于特种审判，因此，弹劾案的审判权应当划归监察院。他指出：“监察院是为专门监督行政官吏而设立的机关，他的唯一的职责，就在监察一切官吏的行为。如果只教监察院司弹劾，不教他司审判，便是半弹劾。”[⑤]当时有部分政治学者提出，由同一个机关执掌弹劾与审判，恐怕会有失公平。高一涵则认为，将弹劾案的审判权划归监察院，并非是要让监察委员同时掌握弹劾权与惩戒权，自行提出弹劾，自行审判裁决，而是要另行组织一个与监察委员相对应的行政裁判机构，共同隶属于监察院，而分别独立行使职权，与普通法院的检察官和法官的

---

① 《程监察使辞职获准 引贝尔纳斯言表示欣悦》，《申报》，1947 年 2 月 6 日，第 5 版。

② 《中华民国国民政府组织法》，《司法公报》1929 年第 1 号，第 4 页。

③ 高一涵：《政治学纲要》，上海：神州国光社，1931 年，第 347 页。

④ 高一涵：《宪法上监察权的问题》，《东方杂志》，1933 年第 30 卷第 7 号，第 22 页。

⑤ 高一涵：《宪法上监察权的问题》，《东方杂志》，1933 年第 30 卷第 7 号，第 22 页。

关系类似。“这样一来，监察权继可以称为真正的独立，弹劾权继可以称为整个的弹劾权，而审判的机关也不像现在那样的支离破碎。这也是关于监察权本身的一个重要问题。”[①]

后来的事实证明，高一涵关于监察权的内涵与配置的主张极富远见卓识。监察院虽然在名义上是国家最高监察机关，但因为没有监督行政权，实际上“仅为事后监督机关”，“在行政人员违法失职之行为未实现以前，虽已察觉，而不能加以过问”。监察委员对违法失职的公务人员提出弹劾以后，“因惩戒权之不统一，惩戒机关与监察机关无联系，惩戒机关往往于监察院调查之后，复行调查，不独耗费旷时，抑且予犯法官吏以规避机会”。监察院移送至惩戒机关的弹劾案件，大多迟迟得不到处理，“甚至有被惩戒人离职已久，始予以法定之处分”。正如时论所指出的：“夫以处分之轻微，已不足以慑违法失职者之胆，而又加以处分之迟缓，结果遂形成监察权之无力量。”[②]因此，部分监察委员和专家学者都赞同高一涵的主张，曾经多次呼吁南京国民政府的当政者赋予监察机关完整的监察权。1945 年 5 月 30 日，国民党六届一中全会第二次会议通过决议案，建议将中央公务员惩戒委员会划归监察院，后来，该项议案交付给国民党中央常务委员会研究处理，但最终未能付诸实施。[③]

1946 年 11 月 15 日，南京国民政府召开“制宪国民大会”，高一涵作为“国大代表”出席会议。11 月 28 日，国民政府主席蒋介石将立法院通过的所谓“中华民国宪法草案”提交大会审议，其中规定：“监察院为国家最高监察机关，行使同意弹劾及监察权。”在会议中，由高一涵领衔，共有 193 位“国大代表”联署提出议案，建议修改“宪法”草案中关于监察院职权的规定，增加惩戒权。高一涵在提案中指出：“……在政治上欲求效率增强，必须权责分明，凡负某种责任者，应有完成其责任之权力，方能期其有所成就”，而监察院作为国家最高监察机关，虽然担负着澄清吏治的责任，却没有作出惩戒处分的权力。监察机关提出的弹劾案经审查成立移付惩戒以后，往往是“迄无下文”，“甚至惩戒处分虽经确定，而惩戒机关之上级机关为之请准暂缓执行”，“故监察院对惩治贪污，实系有责任而无权力，管理惩戒之部门，又系有权力而无责任，欲免除此种弊病，当使惩戒

---

① 高一涵：《宪法上监察权的问题》，《东方杂志》，1933 年第 30 卷第 7 号，第 23 页。

② 监察院监察制度编纂处编：《监察制度史要》，南京：汉文正楷印书局，1935 年，第 155 页。

③《中国国民党第六届中央执行委员会第一次全体会议通过重要决议案（1945 年 5 月 28—31 日）》，见中国第二历史档案馆编：《中华民国史档案资料汇编》第 5 辑第 2 编政治（1），南京：江苏古籍出版社，1998 年，第 854 页。

机关隶属监察院，以一事权而专责成”。[①]

然而，高一涵等的提议并没有获得回应。1946 年 12 月 25 日，“制宪国民大会”三读通过了“中华民国宪法”，其中仍未规定将惩戒权划归监察院。在南京国民政府统治时期，由于弹劾权与惩戒权不统一，影响了监察权的完整性和强制性，监察制度一直难以真正发挥对权力的监督和制约作用。

（二）监察制度的设计

孙中山先生创立了“五权宪法”的学说，并提出了在中央政府设立监察院的构想，但是，“遗教中仅阐明原则，至于如何施行，则无一语及之”。正如南京国民政府司法院院长王宠惠所说：“国父既确立五权宪法之理论，以为改革中国政制之张本，则实施设计，后死者之责，无可诿卸者也。”[②]因此，早在监察院成立之前，高一涵就提出了关于监察制度设计的主张。对于监察机关行使弹劾职权的范围，高一涵认为应当依照西方国家的通例，“只以适用于违法行为为限，不应适用于不当行为，致引起政见上的争执，使监察院陷入政争的漩涡，失掉超然独立的地位”。至于监察机关的监察对象，高一涵则主张：“似不必仿效各国的通例”，“因为行政元首和最高行政机关官吏的违法，固然应当由特殊的机关弹劾，以救司法不能独立的弊病；就是其他一切行政司法的官吏，多受一层监督，也未始不可以救正一切贪赃枉法的弊端。”[③]

监察院于 1931 年 2 月正式成立后，“以监察权须内外并重，而我国又幅员辽阔，为使监察工作能普及全国”，“乃仿明清分巡分道制度，并参酌国内各地情形”，将全国划分为十六个监察区，分别设立监察使署，“提请中央特派监察使，分区执行监察职务”。[④]1935 年 4 月 6 日，国民政府任命高一涵为监察院湖南湖北监察区监察使。高一涵就职后，即与河北监察区监察使周利生、甘肃宁夏青海监察区监察使戴愧生等联名呈文监察院，建议由行政院通令各级地方政府，“对于监察使署调取文卷证件，须遵照监察院调查证使用规则之规定，不得拒绝隐匿，以利监纠”。[⑤]监察院院长于右任接到高一涵等的呈文后，指令监察院秘书处转交行政院办理。1936 年 7

① 《高代表一涵等一九三人提对于宪法草案第九章第九十五条之修正案（提案第一四一号）》，见《国民大会代表提案原文》第 3 册，南京：国民大会秘书处，1947 年，第 1-3 页。

② 王宠惠：《五权宪法之理论与实施》，见《革命先烈先进阐扬国父思想论文集》第 1 册，台北：“中华民国”各界纪念国父百年诞辰筹备委员会，1965 年，第 674 页。

③ 高一涵：《政治学纲要》，上海：神州国光社，1931 年，第 347 页。

④ 《中华年鉴》上册，南京：中华年鉴社，1948 年，第 370 页。

⑤《江西省政府训令（第五五七二号）》，1936 年 8 月 11 日，江西省档案馆馆藏档案，J016-03-03721。

月 29 日，行政院训令各省市政府及其所属机关，对于监察使高一涵等的建议应遵照执行。

全面抗战爆发以后，监察院“为适应战时需要，并使监察权得以有效急速行使起见”，专门制定了《非常时期监察权行使暂行办法》，经国防最高委员会核准，由国民政府于 1937 年 12 月 17 日公布施行，后经立法院审议于 1938 年 8 月 27 日修正公布。该办法第 2 条规定：“监察委员或监察使对于公务员违法或失职行为，认为应速去职，或为其他急速处分者，得以书面纠举，呈经监察院院长审核后，送交各该主管长官或其上级长官。”其第 5 条规定：“各机关或公务员对于非常时期内应办事项，有奉行不力或失当者，监察委员或监察使得以书面提出建议或意见”，经过监察院院长审核后，送交其主管机关或其上级机关办理，“主管机关或其上级机关接受前项建议或意见后，应即为适当之计画与处置”，事后还应将处理结果告知监察院。[①]自此以后，监察院除了原有的事后弹劾职权外，又增加了纠举、建议两项事前监督职权。

1941 年 1 月 1 日，时任监察院甘肃宁夏青海监察区监察使的高一涵在《中央日报》上发表了《抗战三年来监察法规增定及推行经过》一文，全面阐述了监察院实行事前监督制度的重要意义。他在该文中指出，《非常时期监察权行使暂行办法》有两个重要特点，即“事后监察与事前监察并重，审慎详实与简捷迅速并行”。他认为，“凡属非常时期内应办事项，大都直接或间接与抗战建国有关，而为刻不容缓及适应事机之事项，与其监察于事后，毋宁监察于事前，与其惩戒于构成违法失职行为之后，毋宁警惕于尚未构成违法失职行为之前”。监察院实行的事前监督制度，“于消极的警惕告戒之中，隐寓有积极的督促纠正之意。对于违法失职之行为，防止一分，即对于抗战建国之实效，增加一分”。高一涵还指出，书面纠举最大的优点在于“一举而详实迅速公平之数效毕现，与惩戒机关相比较，其审慎详实如出一辙，而简捷迅速则有过之而无不及”，而建议权的增设，“不独在消极方面可以除去抗战建国工作之妨碍，并且在积极方面督促抗战建国工作之进行”。[②]

南京国民政府统治后期，高一涵仍然强调事前监督制度的重要性。在提交给“制宪国民大会”的议案中，高一涵主张将监察机关行使纠举权的规定明确载入“宪法”条文，他指出，“凡纠举案皆迳交被纠举人之主管机

---

① 《非常时期监察权行使暂行办法》，《立法院公报》1938 年第 98 期，第 62-63 页。

② 高一涵：《抗战三年来监察法规增定及推行经过》，《中央日报（重庆）》，1941 年 1 月 1 日，第 8 版。

关或其上级机关，调查既甚便利，处置自更迅速，且各该机关平素对于被纠举人，皆有监督权，故于迅速之中，兼寓审慎之意，此为监察院过去行使之实际经验，故应仍予继续行使”。[①]高一涵的提议最终获得大会通过，1947 年 1 月 1 日，国民政府公布了“中华民国宪法”，其中规定：“监察院为国家最高监察机关，行使同意，弹劾，纠举及审计权。”[②]

此外，对于“宪法”中关于监察院行使司法、考试两院人事同意权的规定，高一涵并不赞成，他指出：“因监察委员为执法之官，宜处于超然地位，如行使议会式之同意权，易成为党派斗争之工具，必影响于监察权之超然与独立。”[③]因此，他主张删去“宪法”中有关监察院行使同意权的条文。但是，高一涵的建议始终未能得到落实，直到国民党政权退据台湾以后，监察机关仍长期保留着人事同意权。

（三）监察人员的职责与使命

1931~1949 年，高一涵从事行政监察工作达 18 年之久，对于监察人员应当承担的社会责任与历史使命有着深切的认知和独到的见解。1935 年 6 月 17 日，刚刚就任监察院湖南湖北监察区监察使的高一涵在国民党湖北省党部的“总理纪念周”上发表演讲，题为“监察制度之精义”。在演讲中，高一涵谈到了行政工作与监察工作的关系，他认为二者是相辅而行的：“一是指挥监督其下级官厅，教他如何做法，一是监察官厅教他不要违法，一是引导执行的人，教他走入依法执行之路，一是监察执行的人，教他不要走入违法执行之路，其实目的是完全相同的。故监察乃是帮助行政，贯澈他原来的一贯计划，这是监察与行政的关系。”高一涵还形象地比喻：“……人民便是房主，上级官厅便是为人民设计的工程师，下级官厅便是为人民做工的工人，而监察人员便是为人民监察工程的监工。分而言之，有设计者，有做工者，有监工者，合而言之，则皆是为人民造房子。”[④]

1935 年 6 月 12 日，湖南湖北监察区监察使署在湖北武昌正式成立，开始办公。上任伊始，高一涵即“定下几条必具的信条及执行职务时的戒律”，并在监察使署成立后的第一次“总理纪念周”上公布，其主要内容如

① 《高代表一涵等一九三人提对于宪法草案第九章第九十五条之修正案（提案第一四一号）》，见《国民大会代表提案原文》第 3 册，南京：国民大会秘书处，1947 年，第 1-3 页。

② 《中华民国宪法》,《国民政府公报》第 2715 号，1947 年，第 3 版。

③ 《高代表一涵等一九三人提对于宪法草案第九章第九十五条之修正案（提案第一四一号）》，见《国民大会代表提案原文》第 3 册，内部印行，南京：国民大会秘书处，1947 年，第 1-3 页。

④ 高一涵：《监察制度之精义》,《中兴周刊》，1935 年第 4 卷第 24 期，第 2 页。

下：①监察使“无论对于任何机关，不作请托介绍书信”，外出巡视或派员调查案件时，“绝不受任何方面之供给馈遗，并不参加宴会及欢迎会”。②凡有民众向监察使署呈递诉状，决不收取任何费用。对于民众呈诉的事件，必须详加调查，“俾民隐可以畅达”。③监察使署查办案件，“惟凭事实为根据，以公正为依归，以期不偏不倚，无枉无纵，对于违法失职之公务员，既须严加纠正，而对于奉公守法之良吏，亦须使其安心”。④凡属于监察使署秘密调查的案件，工作人员须严守机密，不得随意透露案情。高一涵要求监察使署的全体职员“在执行职务时要敬慎戒惧，惟恐做不好，在各个人平日生活上要整齐严肃，唯恐有丝毫疏忽”，并强调指出：“国家监察权之尊严，一地方监察权之推行与信赖，我们责任的负起，须在我们工作的表现力。”[①]

1935 年 9 月 16 日，高一涵在监察使署的“总理纪念周”上发表演讲，题为“训勉职员洁身自好”。在此前不久，监察委员杨天骥因涉嫌违法关说而被法院起诉，引起社会舆论一片哗然。高一涵在演讲中谈及此案，他指出：“我们经过此番教训，一方觉得社会对于监察机关非常重视，责望甚殷，一方觉得我们在监察机关服务，责任纂重，检束须严。”因此，他要求监察使署的全体职员：“要格外小心谨慎，要格外砥砺操守，时时要检查他人是否违法，更时时检查自身是否违法”，如果奉派外出视察或调查，“执行职务时，意志应十分坚决，不但供给馈遗，须一律拒绝，即寻常宴会，亦绝对不得参加”。他还指出：“须知一人之失德，小之可以影响本署之名誉，大之可以影响监察机关之威信”，并明确表示：“本署同人，在道德上，应互相劝勉，在法律上，应互相监督，必使一举一动皆无逃于道德及法律之制裁。诸同志相互间，固应如此，而对于我个人，尤应当如此。”[②]

此外，高一涵还特别强调，监察人员应当严格在职权范围内开展工作。他认为，监察机关与司法机关的性质稍有不同，“司法机关注重在犯罪行为之结果，而监察机关则须更进一层推究其犯罪行为之原因”。因此，他提出了监察使署审查民众诉状的三条标准：“审查书状中之被诉人是否为公务员；审查书状中被诉之公务员其行为是否为违法或失职；审查书状中所举发公务员之违法或失职行为是否有确实证据或显著事实。”[③]高一涵还指示

---

① 高一涵：《训示全体职员切实遵行服务信条及执行职务戒律》，见《监察院湖南湖北监察区监察使署二十四年度年刊》，1937 年 2 月，湖北省档案馆馆藏档案，LSA2.5-6，第 475-476 页。

② 高一涵：《训勉职员洁身自好》，见《监察院湖南湖北监察区监察使署二十四年度年刊》，1937 年 2 月，湖北省档案馆馆藏档案，LSA2.5-6，第 476 页。

③ 高一涵：《训示监察使署职权范围》，见《监察院湖南湖北监察区监察使署二十四年度年刊》，1937 年 2 月，湖北省档案馆馆藏档案，LSA2.5-6，第 476-477 页。

监察使署的工作人员，对于民众诉状中属于行政诉愿和行政诉讼的部分，应当转交相关的行政主管机关办理，或依照法定的程序向行政法院提起告诉。对于民众在普通民事或刑事诉讼中败诉，转而向监察机关呈请救济者，因监察使署并非各级法院的上诉机关，不能越权处理，监察工作人员应积极劝导原告向上一级法院提出上诉，以免迁延时日错过了法定的上诉期限。

民国时期，“中国由四千余年之专制政体易为民主共和，旧染未除，积习尚深，官场之腐败，贪墨之充斥，已为世人所公认”。[①]在长期的从政生涯中，高一涵虽身居特任官之高位，但始终廉洁自奉，尽心履职，实属难能可贵。可以说，高一涵以自己的实际行动践行了监察工作人员的职责。

（四）高一涵监察思想的特征

高一涵是身跨政、学两界的“学者型官员”，与行政出身的官僚相比，他的理论研究功底极其深厚；与坐而论道的学者相比，他的工作实践经验更加丰富。因此，高一涵在行政监察领域有着独到的理论建树，他的监察思想自成体系，具有鲜明的特征。

（1）强调权力监督的法治化与规范化。高一涵早年曾深受自由主义思潮的影响，并系统地研习过近代西方的政治监督理论。在论述监察与法治的关系时，高一涵指出：“只有在真正法治的国家中，监察权才可以推行无碍，因为法律是权衡度量，有了权衡度量，然后才有长短轻重大小多少之分。”因此，在一个国家中，“若没有宪法，便无所谓违宪，若没有法律，或者法律失效，便无所谓违法。故违宪这个名词，只有在实行宪政的国家，才可以出现，违法这个名词，亦惟有在法治国家之中，才可以得到……监察权之行使，或行之有效，一定要在政治已上轨道的地方，政治越上轨道，监察权越有效用”。[②]

多年以来，高一涵一贯主张在行政监察领域要切实贯彻法治的原则，他曾经指出：“弹劾的结果，便应该依犯罪的性质，加以法定的制裁。不必因为被弹劾者是官吏，便加重治罪，也不必因为被弹劾者是官吏，便减轻制裁。官民同受一种普通法律的制裁，就是官民在法律之下一切平等的具体表现，凡是法治国家，都应该有实现这个原则的责任。”[③]从本质上来说，监察制度是通过对权力运行的监督与制衡来维持整个国家机器的正常运转，因此，民主与法治是监察权发挥效能的前提和基础。在南京国民政府

① 江毓麐：《如何树立完整之监察机构》，《远东杂志》1937年第2卷第5期，第45页。

② 高一涵：《监察制度之精义》，《中兴周刊》，1935年第4卷第24期，第2页。

③ 高一涵：《政治学纲要》，上海：神州国光社，1931年，第348页。

时期，中国的政治现代化进程尚处于起步阶段，高一涵从近代西方法治与宪政的思想、分权与制衡的理论出发，主张将行政监察工作纳入法制化和规范化的轨道，说明他已经走在了时代的前列。

（2）对中国传统廉政文化的批判性继承和创造性吸收。我国传统的廉政文化内容丰富，源远流长，孙中山先生生前就一直对中国古代的监察制度十分推崇，南京国民政府的当政者一向以孙中山事业的继承人自居，他们也认为："五权宪法之监察权，渊源于中国御史制度。"有些学者甚至声称："监察制度实为我国特有之政治制度……中国历行数千年君主专制政体而不侵及人民自由者，端赖此种制度为之缓冲。"[①]而高一涵则认为，"中国历史上监察权之活动，大多在政治清明的时期，而在天下将治未治或将乱未乱之时，监察之活动尤力。一旦大乱已成，则监察权完全失其作用"。[②]因此，高一涵主张对传统的监察制度不宜盲目推崇、过分拔高。

高一涵还认为，"历代的君主，大多数嫌恶言官，对于谏官或缺出而不除人，或并谏官而不设，或勉强在名义上设几个谏官，在事实上却不愿他们尽职"。御史虽然有权上书言事，"但是如果直言君主自身的阙失，总是无效的多，有效的少"，因此，历代王朝的监察机构"实际上都变成察官之官"。[③]他指出，"中国的御史制度的特点就在行使弹劾权外，还享有监督行政，考察官吏，检查会计，和注销案卷种种特权……弹劾权只能算是监察权的结果，必须先有上述的几种特权……然后弹劾权才不致成为虚设"。因此，监察院在行使职权方面可以借鉴传统的御史制度："一定要在弹劾权之外，同时再享有这四种权力，然后弹劾权才有着落。"[④]在如何对待中国传统廉政文化的问题上，高一涵并没有人云亦云，而是坚持取其精华、去其糟粕、古为今用、推陈出新的取舍标准，表现出了一个政治学家清醒的头脑和敏锐的眼光。

（3）监察理论与工作实践相辅而行、相互促进。在行政监察领域的理论研究方面，高一涵可谓卓有建树，他的诸多理念和主张并不是流于空谈，而是贯彻到了监察工作实践中。在监察院担任监察委员期间，高一涵不畏权贵，秉公履职，先后参与了对行政院院长汪精卫、东北边防军司令长官张学良、热河省政府主席汤玉麟、安徽省政府主席陈调元、江苏省政府主席顾祝同、浙江省政府主席兼民政厅厅长张难先等军政要员的弹劾。奉派

① 监察院监察制度编纂处编：《监察制度史要》，南京：汉文正楷印书局，1935 年，第 169 页。
② 高一涵：《监察制度之精义》，《中兴周刊》，1935 年第 4 卷第 24 期，第 3 页。
③ 高一涵：《中国御史制度的沿革》，上海：商务印书馆，1934 年，第 74-75 页。
④ 《再版自序》，见高一涵：《中国御史制度的沿革》，上海：商务印书馆，1934 年，第 1-2 页。

出任监察使以后，高一涵即深入监察区内各地，视察各级地方政府的施政情形，了解民间疾苦，并接受民众的检举控告。湖南湖北监察区监察使署于 1935 年 6 月正式成立，截至当年底就收到各类民众诉状 1 288 件，并对其中的 603 件进行了调查。[①]在担任监察使的第一年中，高一涵先后对 65 名违法失职的公务人员提出弹劾，其中既有地方高级官员，也有基层工作人员。[②]“内中因县长为亲民之官，县又为自治单位，凡所措施，影响直接及于民间，故注意特严”，1935 年 10 月至 1936 年 6 月，在不到一年的时间里，高一涵就提案弹劾了湖南、湖北两省的 18 名县长。[③]

长期以来，高一涵一直在理论上强调事前监督制度的重要性，因此，到了抗战时期，他在监察工作中积极贯彻落实监察院颁布的《非常时期监察权行使暂行办法》。1941~1945 年，担任甘肃宁夏青海监察区监察使的高一涵共提出纠举案 66 件，涉及 128 名违法失职的公务人员，并先后提交了各种建议案和意见案 19 件，内容涉及行政、军事、财政、经济、教育、交通等多方面。[④]在繁重的工作之余，高一涵还多次为监察法规的制定和修订建言献策，并总结自己多年以来监察工作实践的经验，撰写相关的理论文章，“以待留心监察制度者之考证焉”。[⑤]

20 世纪上半叶是一个动荡和剧变的时代，中国社会正处在由传统向现代转型的过渡阶段。作为国民政府体制内的一位学者型官员，高一涵凭借深厚的学术研究功底，结合多年的监察工作经验，在理论上不断探索，形成了颇具特色的监察思想。高一涵在惩戒权的归属、事前监督制度、监察与法治的关系，以及如何对待中国传统廉政文化等问题上的观点和主张，极富远见卓识，达到了同时代的学人难以企及的高度。但是，在南京国民政府统治时期，国民党长期坚持“以党治国”，拒绝实行民主宪政。在“党治”体制之下，人治盛行，军权独大，监察机关有职无权，一直处于边缘和弱势的地位，监察制度难以真正发挥作用，在长期的从政生涯中，高一涵“建设廉洁政府，扫除贪污风气”的理想和抱负无法实现。[⑥]由于缺乏有

---

① 《处理本署收受书状百分比较图（民国二十四年度）》，《监察院湖南湖北监察区监察使署二十四年度调查统计图表汇编》，湖北省档案馆馆藏档案，LSA2.5-5，第 11 页。

② 《被弹劾人所在地域百分比较图（民国二十四年度）》，《监察院湖南湖北监察区监察使署二十四年度调查统计图表汇编》，湖北省档案馆馆藏档案，LSA2.5-5，第 15 页。

③ 监察院监察制度编纂处编：《监察制度史要》，南京：汉文正楷印书局，1935 年，第 144 页。

④ 高大同编：《高一涵先生年谱》，上海：上海文化出版社，2011 年，第 145-160 页。

⑤ 高一涵：《抗战三年来监察法规增定及推行经过》，《中央日报（重庆）》，1941 年 1 月 1 日，第 8 版。

⑥ 《高一涵序》，见《监察院湖南湖北监察区监察使署二十四年度年刊》，1937 年 2 月，湖北省档案馆馆藏档案，LSA2.5-6，第 1-4 页。

效的监督与制约，各级政权逐渐走向全面腐化，最终动摇了南京国民政府的统治基础。高一涵的监察思想为当今中国的廉政制度建设提供了重要的借鉴和启示。正如高一涵所指出的：“……监察与政治是互为因果，有政治清明之因，乃产生监察权活动之果，同时亦由监察权活动之因，产生政治清明之果。”[①]

三、运作成效分析

通过对江苏、两湖、皖赣三个监察使署运作情况的比较分析，可以发现一些具有普遍规律性的现象和特征。

（1）监察院分区监察制度实施以后，各监察使署的工作人员尽职尽责，制度运行也取得了一定的成效。

在“训政”时期，南京国民政府实行五权分立的政治体制，社会舆论曾对作为中央最高监察机关的监察院寄予厚望，民国时期著名的政治学家陈之迈就曾指出，“行政组织改良不易，考试只能得有学识而不一定是有操守的人员，澄清政治，杜绝贪污，提高政府威信，增加人民对政府的兴趣，都在监察权之充分行使”。[②]但是，监察院成立以后，行政监察工作的成效与社会各界的期待有很大落差，被时人戏称为“老人院”。监察委员王子壮[③]曾在其日记中记载：“趋监察院，委员多在饮茶谈天，视公文有前三日者共不过四五件而已。余以党部方面事繁未常往，而在者众多，以阅报闲谈而优游，余固不负责，而负责者又若此，国事不振，莫此而极。”[④]监察院分区监察制度实施以后，各监察使署深入各地，积极开展监察活动，扩大了南京国民政府行政监察工作的覆盖范围，在一定程度上也有助于监察机关树立社会威信，赢得民众信任。

（2）监察院分区监察制度的运行成效不如预期，最终未能达到遏制腐败、澄清吏治的目的。

监察院分区监察制度实施以后，各监察使署的工作人员积极履职，查办了大量的贪腐案件，但是，监察机关没有惩戒权，“弹劾案之提出，至惩戒结果之揭晓，依法定程序，周折屡层，异常繁复……种种迁延，形成疲

---

① 高一涵：《监察制度之精义》，《中兴周刊》，1935 年第 4 卷第 24 期，第 3 页。

② 陈之迈：《监察院的回顾与前瞻》，《独立评论》第 148 号，1935 年 4 月 28 日，第 9 页。

③ 王子壮于 1932 年 10 月 28 日出任监察院监察委员，1936 年 12 月 7 日卸任。

④ 王子壮：《王子壮日记》第 1 册，台北：“中央研究院”近代史研究所编印，2001 年，第 346 页。

缓状态，足令被弹劾者从容部署，授以弥缝犯罪行为之机会。且在惩戒机关未决定以前，被弹劾者固仍得蝉联其职务，而人民蒙受不当之损害与冤抑，一时竟不能为之解除，因之监察权能之信仰，亦从而降低”。[①]由于监察机关不能对违法失职的公务人员进行及时、有力的惩处，无法形成有效的震慑，因此，即使是在南京国民政府控制力较强的地区，各级地方政权的腐化也未能得到有效遏制，反而随着时间的推移愈演愈烈。到了南京国民政府统治后期，监察院分区监察制度的运作已经举步维艰。“行宪”以后，苏浙区监察委员行署曾在其工作报告中指出，监察院分区监察制度的推行“有主观之限制（调查人员缺乏），与客观之困难（社会形态之复杂与恶势力之庞大）”，“而与预定之目的，则相差甚远”。[②]

（3）南京国民政府统治时期的社会政治环境是影响监察院分区监察制度运作的重要因素。

在全面抗战爆发前两年，南京国民政府的统治趋于稳定，国内大规模的战事已经基本结束，可以说是监察院推行分区监察制度最好的“历史机遇期”，因此，各监察使署在这一短暂的时期内工作成效最为显著。全面抗战爆发以后，各监察使署的运作进入困难时期，而到了抗战后期，国民政府统治区内的腐败现象就已经十分严重，监察院曾在其1942年度的工作报告中指出：“本院所提弹劾纠举各案中，因违法而被纠弹者较因失职或废弛职务而被纠弹者人数超过甚多，而违法案件多与贪污有关，在法律立场惟有严厉惩处，以肃官常。”[③]抗战胜利以后，由于战后接收工作弊端丛生，从中央到地方的各级政权腐化加剧，各种贪腐弊案层出不穷，再加上国共内战的影响，各监察使署的运作再度陷入困境。南京国民政府统治末期，“公务员待遇菲薄，生活艰困，贪污无能，已成为政治上普遍现状，政府机构，形同瘫痪，毫无生气。若不从政治上作根本改革……专在消极上限制，实不胜其纠劾”。[④]

---

① 监察院编印：《监察院工作报告》上册，1941年10月，第19页。

② 《监察院苏浙区监察委员行署工作报告》，1949年3月，上海市档案馆馆藏档案，Y4-1-867，第1页。

③ 监察院编印：《监察院工作报告》上册，1942年10月，第31-32页。

④ 《监察院苏浙区监察委员行署工作报告》，1949年3月，上海市档案馆馆藏档案，Y4-1-867，第8页。

第八章 成效与困境：国家治理视角下的监察院分区监察制度

一、运行成效：完善国家治理的监督控制系统

作为南京国民政府最高监察机关的监察院成立以后，“监察委员集中中央，不易周知各地方吏治得失，而民间疾苦，由于地方官吏贪污失职，或滥用权力者，亦复难于周悉”，[①]而“各区监察使署普遍设置后，监察机构益趋完密，对于监察权之行使便利殊多”。[②]可以说，监察院分区监察制度的实施，对国家治理体系中监督控制系统的完善和国民政府治理能力的提升起到了重要作用。

（1）完善行政监察体制，加强对地方政府的廉政监察。

廉政监察，是指“行政监察机关对国家行政机关和国家公务员的各种行政行为是否清正廉洁，所进行的经常性的监督、检查，并纠举、惩处违法违纪人员的一种职能活动。目的在于制止腐败行为，清除腐败现象，促

① 于右任：《监察使之设置与国家政治之推进》，《上海党声》，1935 年第 1 卷第 18 期，第 346 页。

② 《“抗战时期迁都重庆之监察院”行政史实稿》，见许增紘主编：《于右任在重庆》，北京：团结出版社，2001 年，第 234 页。

进行政机关的廉政建设”。[①]可以说，廉政监察是行政监察机关的首要职能。在国家政权体系中，地方政府及公务人员的廉洁程度关乎民众切身利益，也会直接影响社会舆论对整个国家政治体制的观感。而一般来说，“在几乎所有的政治体制里，较低层的官僚和政治机关发生的腐化事件较多”，[②]因此，作为国家最高监察机关的监察院必须加强对各级地方政府的廉政监察。监察院分区监察制度实施以后，各监察使署常驻地方，代表中央监察机关履行廉政监察职能，通过开展巡回视察与专案调查，提出弹劾、纠举、建议各案，实现了对各级地方政府和公务人员常态化的廉政监督，扩大了南京国民政府行政监察体制的覆盖范围。

（2）强化行政效能监察，维护中央政令畅通。

行政效能监察“是监察机关依法对行政机关及其公务员履行职责行为的效率与质量情况所实施的监督检查活动”。[③]通过开展行政效能监察工作，中央政府可以强化对各级地方政府的控制，推动中央政令的贯彻执行。在“训政”时期，随着南京国民政府统治势力的扩张，监察院分区监察制度的实施范围也逐渐扩大，各监察使署通过在本监察区内开展各种视察与调查活动，督导各级地方政府的施政，检查各类公营事业机关的业务，并督促公务人员履职尽责，对有亏职守者予以惩处。可以说，在监察院分区监察制度实施以后，南京国民政府的行政监察权力得以向地方延伸，行政效能监察工作的开展有助于提高地方政府的施政效率，维护中央政令畅通。正如监察院院长于右任所指出的：“训政时期，中央有促进地方诸政之责，故监察使有相当长期之巡察，则各地方行政司法教育各端，与中央政令之推行暨人民情况之上达，皆有莫大之助力。”[④]

（3）推进国家治理方式的民主化，提升社会治理能力。

在现代化的国家治理体系下，政府要减少命令、强制等单向管理方式的运用，更多地选择间接、协商、合作的方式，推进国家治理方式的民主化，提升治理效能。[⑤]在中国历代王朝的国家政权体系中，监察官员一直享有极其崇高的地位和声望，“非仅百司惧其抨击，即君主亦戒其讽谏”，[⑥]当

---

① 杜兴洋主编：《行政监察学》，武汉：武汉大学出版社，2008 年，第 184 页。

② 〔美〕塞缪尔·P. 亨廷顿著：《变化社会中的政治秩序》，王冠华、刘为，等译，上海：上海人民出版社，2008 年，第 51 页。

③ 杜兴洋主编：《行政监察学》，武汉：武汉大学出版社，2008 年，第 211 页。

④ 于右任：《监察使之设置与国家政治之推进》，《上海党声》，1935 年，第 1 卷第 18 期，第 346 页。

⑤ 李利军：《推进国家治理主体、治理方式和治理规则的现代化》，《中国发展观察》，2013 年第 11 期，第 7 页。

⑥ 监察院监察制度编纂处编：《监察制度史要》，南京：汉文正楷印书局，1935 年，第 169 页。

普通百姓遇到冤屈时，也素有向御史告状的传统。在南京国民政府的监察使群体中，既有威望素著的政坛耆宿，亦有久负盛名的清流学者，非常符合“清廉御史”的形象，“监察使”这一名称与我国古代的“监察御史”仅一字之差，更容易引发一般民众对记忆中“御史分巡”时代的集体回忆。监察使分赴各地巡回视察，接受呈诉，为民众提供了一条直接表达诉求、宣泄怨愤的渠道，使蒙受冤屈的民众在心理上得到一定程度的安慰，消除了挫折感和失落感，有利于消解官民对立情绪，从而缓解社会矛盾的激化因素。从这个意义上来说，监察院分区监察制度的实施推动了国家治理方式的民主化，也在一定程度上提升了国民政府的社会治理能力。

二、运行困境：中央与地方协同治理机制的缺失

“对于一个大国来说，如何在政府之间特别是中央政府与地方政府之间形成一种合理的职责、权限分工体系，以及协同治理机制，是充分发挥政府在国家治理中的作用的重要前提。”①正是由于中央与地方协同治理机制②的缺失，监察院分区监察制度制度陷入了困境——设计上的日益完善与运行中的成效不彰形成了强烈反差，缺乏有效监督与制约的各级地方政权逐渐走向全面腐化，最终动摇了南京国民政府的统治基础。

（1）南京国民政府是一个弱势的中央政府，国家整合的失败催生了强势的地方政权。

在南京国民政府统治时期，地方主义膨胀，中央权威低落。有西方学者指出，国民政府“在没有征求各省份统治者意见的情况下，不能随意任命官员……国民政府也不能在这些地区建立统一、中央集权的行政制度。各省的财政事务依然不受中央控制”，“即便是在已经确立了绝对军事和行政控制的省份，南京政府明显缺乏能力或者极不情愿去改造基层乡村的政治制度，并推动社会经济改革。在县级官僚体系以下，士绅们依然控制着

① 何显明：《政府转型与现代国家治理体系的建构——60 年来政府体制演变的内在逻辑》，《浙江社会科学》，2013 年第 6 期，第 6 页。

② 协同治理理论是一门新兴的理论，所谓协同治理，是指“政府与企业、社会组织及/或者公民等利益相关者，为解决共同的社会问题，以比较正式的适当方式进行互动和决策，并分别对结果承担相应责任。”（田培杰：《协同治理概念考辨》，《上海大学学报（社会科学版）》，2014 年第 1 期，第 135 页）20 世纪上半叶的中国处在现代化的起步阶段，合理划分中央政府与地方政府的职能权限，形成协同治理机制，是当时的主政者所面临的重要问题。

局面”。[①]由于弱势的中央政府无法完成国家整合，监察院在推行分区监察制度的过程中，面对的是强势的地方政权和盘根错节的士绅势力。各监察使署一般都要管辖两三个省份，各省级政权的主政者又多为军人出身，掌握着地方军政大权，而历任监察使都是文职官员，有职无权。由于监察机关在与监察对象的博弈中长期处于劣势，监察院分区监察制度难以达到预期的效果。

（2）在“人治”盛行的社会文化环境下，地方政权体系中缺乏有效的内部监督机制，中央与地方无法形成监督合力。

行政监察制度作为整个国家政治制度体系的重要组成部分，必然会受到其所处时代的社会文化的影响。在现代社会，“法治”文化的主要内涵是：一切权力都应当来源于法律的规定并且能够严格依法行使，任何组织和个人都不应当享有超越法律的特权，所有违背法律的行为都必须依法追究其责任。而在南京国民政府统治时期，现代化进程尚处于起步阶段，“官本位”等传统观念的影响根深蒂固，任人唯亲、官官相护等官僚政治的陈规陋习依旧是现实政治生活的潜在准则。正如时论所指出的：“一种制度之制定，本身之毛病殊少，而人之施行，往往发生出许多弊端而失制度之愿意者特多，因为我国以人治国家，方踏法治之途径，现在之阶段中，人之关系于法之推行，实有不可少忽之概。”[②]在“训政”时期，各级地方政府缺乏民意机构的监督，“上级官署虽对下级官署有监察权，但因下级官员多为上级官员之亲信至友，非至人民控案如雪片飞来，迫不获已时，终不之顾，故此种监察权仅属形式而已”。[③]由于地方政权体系中内部监督机制的弱化，中央与地方无法形成监督合力，监察院分区监察制度的运作举步维艰，各级地方政权的腐败则是愈演愈烈。

（3）在南京国民政府时期，国家权力配置失衡，监察机关处于边缘和弱势地位。

孟德斯鸠曾经在《论法的精神》一书中指出：“自古以来的经验表明，所有拥有权力的人，都倾向于滥用权力，而且不用到极限决不罢休……为了防止滥用权力，必须通过事物的统筹协调，以权力制止权力。”[④]从本质上来说，行政监察制度是通过对行政权力运行的监督与制衡来维持国家机器的正常运转，因此，只有在民主与法治的政治环境下，真正实现监察权

---

① 〔美〕西达·斯考切波著：《国家与社会革命——对法国、俄国和中国的比较分析》，何俊志、王学东译，上海：上海人民出版社，2007年，第300-302页。

② 干健：《为甘宁青监察使进一言》，《新青海》，1935年第3卷第6期，第4页。

③ 《社论：各区监察使与地方政治改革》，《益世报》，1935年5月2日，第1版。

④ 〔法〕孟德斯鸠著，许明龙译：《论法的精神》上册，北京：商务印书馆，2013年，第185页。

的独立，才能够发挥行政监察制度的效能。正如有学者指出的："监察权之行使，或行之有效，一定要在政治已上轨道的地方，政治越上轨道，监察权越有效用。"[①]由于国民党长期坚持以党代政，国民党政权的最高领导人蒋介石又一直迷恋军权、崇尚军治，在其政权体系内部，以军事实力为后盾的行政权力不断膨胀，当政者不愿、也不会将能够有效监督和制约行政机关的实权赋予监察机关。行政监察职权应当是强制性的监督权力，监察院一直主张将惩戒权划归监察机关行使，但始终未能如愿。由于国家权力配置失衡，各级监察机关只有行政检举权，没有行政处分权，始终处于边缘和弱势地位，监察院推行的分区监察制度也就难以发挥实效。

监察院分区监察制度开始实施以后，首批获任的监察使于 1935 年 4 月 29 日在南京举行宣誓就职典礼，时任国民政府主席的林森在致词中称："监察制度，为维持国家纲纪减轻人民疾苦之唯一良好制度，我国历史上既有之，总理复将其发挥光大之，希望各监使就职后，本铁面无私精神，努力推行，使不肖官吏，闻风敛迹，民间疾苦逐渐减除。"[②]揆诸史实，可以发现虽然有些监察使能够尽心履职，但大多数监察使还是站在维护国民党政府统治的立场上，没有依靠人民反腐败，因此监察院分区监察制度在实际运行中逐渐陷入困境，无法有效遏制普遍存在的贪污腐化现象。清代著名史学家章学诚曾说："凡为古文辞者，必敬以恕。临文必敬，非修德之谓也；论古必恕，非宽容之谓也……能为古人设身而处地也。"[③]故治史者不应苛求前人，监察院分区监察制度在近代中国的历史命运，正是那个转型时代的缩影。

三、以史为鉴：关于当今中国廉政制度建设的思考

监察院推行分区监察制度的成效虽不如预期，但仍不失为后发现代化国家在国家治理体系建设方面一次有益的尝试。以史为鉴，监察院分区监察制度的设计和运行为当今中国廉政制度建设提供了重要的借鉴与启示。

（1）加强和完善行政监察领域的立法，在行政监察工作中切实贯彻法治原则，进一步提高权力监督与制约的法制化和规范化水平。

---

① 高一涵：《监察制度之精义》，《中兴周刊》，1935 年第 4 卷第 24 期，第 3 页。

② 《七监使一监委联合宣誓就职 中监会派张继监誓 林主席授印并致词》，《申报》，1935 年 4 月 30 日，第 3 版。

③ （清）章学诚：《文史通义》卷 3《内篇三·文德》，上海：上海古籍出版社，2008 年，第 82 页。

美国学者埃德加·博登海默曾经指出："法律所建构的制度性框架，为人们执行有关政治、经济、文化等方面的多重任务提供了手段和适当环境，而这些任务则是一个进步的社会为满足其成员的要求而必须予以有效完成的……法律也因此证明自己是文明建设中的一个不可或缺的工具。"[①]一个现代化的国家治理体系，"本质上是一个法治体系，是一个政府、社会、个体都按照宪法法律行为的'规则体系'。任何组织、团体、法人、个体都不能超越宪法和法律之上"。[②]作为国家治理体系中监督控制系统的重要组成部分，现代行政监察制度的主要功能就是以法律来规范政府权力的行使，防止权力的滥用，维持国家机器的正常运转。因此，完备的法律体系是行政监察制度有效运行的支撑和保障，法治原则是行政监察工作中必须贯彻的最高原则。在当前我国全面深化改革的新形势下推进廉政制度建设，必须加强顶层设计，进一步完善行政监察领域的立法乃是当务之急。

（2）理顺各级行政监察机构与政府机关和司法机关的关系，使行政监察机关在国家政权体系中保持应有的独立性和权威性。

国家行政监察机关与中国共产党的纪律检查委员会合署办公是我国行政监察体制的重要特征，由于中国共产党是我国各项事业的领导核心，因此，这种合署办公的制度符合我国的政治现实。但是，合署办公后的各级地方纪检监察机关，其人事与经费实际上由同级地方党委和政府进行管理，也就是说，行政监察机关受到其监察对象的影响和控制。因此，各级地方纪检监察机关在现实中难以对同级党委和政府进行有效的监督与制约。为了从实质上增强行政监察机关在国家政权体系中的独立性和权威性，切实保障监察工作人员有效行使职权，应当全面推进国家监察体制改革，设立各级监察委员会，由地方人民代表大会选举产生，与同级政府机关、审判机关和检察机关平行。建议各省级监察委员会的人事与经费由国家监察委员会直接管理，并由省级监察委员会统筹管理下属各市、县级监察委员会。

（3）在构建中央与地方协同治理机制的过程中，进一步完善行政监督体系，形成监督合力。

推进国家治理体系和治理能力的现代化，努力实现国家治理主体的多元化，"在中央和地方关系上，要理顺中央和地方的事权划分，逐步建立事权和支出责任相适应的制度，做到分工合理、权责明确，发挥中央和地方

---

① 〔美〕埃德加·博登海默著：《法理学：法律哲学与法律方法》，邓正来译，北京：中国政法大学出版社，2004 年，第 408 页。

② 竹立家：《着力推进国家治理现代化》，《中国党政干部论坛》，2013 年第 12 期，第 10 页。

两个积极性”。[①]在改变传统的中央高度集权的国家治理结构，放权于地方的同时，要明确地方政府自主权的权力边界。为了防止出现“一放就乱”的治理困局，确保中央政令畅通，可以尝试将省一级的行政监察机关改为中央纪检监察机关的派出机构，代表中央统一管理全省的市、县两级行政监察机关，整合行政监督力量，形成中央与地方的监督合力。此外，还应当进一步完善中央纪检监察机关的巡视制度，拓展巡视工作的业务范围，中央派往各地的巡视人员，除了查办案件和了解民情外，还要加强对中央政令执行情况的监督检查，并对各级地方行政监察机关进行业务指导。

---

① 李利军：《推进国家治理主体、治理方式和治理规则的现代化》，《中国发展观察》，2013年第11期，第7页。

参考文献

一、档案

《国民党福建省直属第十四区分部（闽台监察使署）党员名册及申请登记党团员经审查合格者名册》，福建省档案馆馆藏档案，1946年，0082-004-000184。

《行政院秘书处交办江苏监察使对苏北军政改善意见的公函及北平市政府的训令》，1947年3月27日~7月1日，北京市档案馆馆藏档案，J001-007-00900。

《监察院安徽江西监察区监察使署二十八年十二月份工作报告》，1939年12月，江西省档案馆馆藏档案，J008-01-01365。

《监察院安徽江西监察区监察使署二十八年十一月份工作报告》，1939年11月，江西省档案馆馆藏档案，J045-02-01439。

《监察院各监察区行署监察委员当选名单》，1948年9月6日，上海市档案馆馆藏档案，Q449-1-297-75。

《监察院湖南湖北监察区监察使署二十四年度年刊》，1937年2月，湖北省档案馆馆藏档案，LSA2.5-6。

《监察院湖南湖北监察区监察使署二十四年度调查统计图表汇编》，1937年2月，湖北省档案馆馆藏档案，LSA2.5-5。

《监察院湖南湖北监察区监察使署关于遥堤拦水坝及第四工段溃决修复及灾情救济详情的公函及湖北省政府的公函》，1936年6月，湖北省档案馆馆藏档案，LS1-5-0801-012。

《监察院两湖区监察委员行署工作述要》，1949年2月，上海市档案馆馆藏档案，Y2-1-795。

《监察院苏浙区监察委员行署工作报告》，1949年3月，上海市档案馆馆藏档案，Y4-1-867。

《江苏监察区监察使署向社会局借用办公椅卷》，1945年10月30日—11月6日，上海市档案馆馆藏档案，Q6-15-697。

《江苏监察使工作记录》，1947年6月，上海市档案馆馆藏档案，Q193-4-43。

《江西省政府训令（第五五七二号）》，1936年8月11日，江西省档案馆馆藏档案，J016-03-03721。

《两湖监察使署调查本市桥梁码头建筑一览表》，1947年4月，湖北省武汉市档案馆馆藏档案，LS9-31-04092。

《闽台监察使署工作日记》，1946年3月，福建省档案馆馆藏档案，0041-001-

000227。

《闽台监察使署工作日记》，1946 年 6 月，福建省档案馆馆藏档案，0041-001-000229。

《上海市政府抄发江苏监察使署关于调查上海市政府暨各局行政设施改进意见书的函件》，1946 年 3 月 18 日，上海市档案馆馆藏档案，Q6-15-156-3。

《上海市政府关于办理行政院秘书处交办的江苏监察使署调查上海市政府及各局行政设施拟具改进意见问题与行政院及所属各局的来往文书》，1946 年 3~9 月，上海市档案馆馆藏档案，Q1-6-457。

二、报刊

《本院代电各区监察使仰参酌采行两湖监察使署详陈预察水利堤工三办法（1936 年 3 月 6 日）》，《监察院公报》，1936 年第 71 期。

《本院二十三年四月份施政成绩》，《监察院公报》，1934 年第 23 期。

《本月一至十四日监院纠弹各案》，《中央日报》，1946 年 3 月 19 日，第 3 版。

《敌伪物资清查团在沪听取各界意见并决定接受人民面诉控案》，《时事公报》，1946 年 7 月 28 日，第 3 版。

《丁超五返镇谈巡视江南各县经过》，《中央日报》，1936 年 3 月 20 日，第 6 版。

《丁超五赴苏北视察余井塘赵棣华返镇》，《中央日报》，1936 年 12 月 4 日，第 4 版。

《丁超五巡视苏北》，《镇海报》，1936 年 6 月 26 日，第 1 版。

《非常时期监察权行使暂行办法》，《立法院公报》，1938 年第 98 期。

《非常时期监察权行使暂行办法施行细则》，《江西省政府公报》第 1019 号，1938 年 3 月 28 日。

《非常时期监察院视察调查工作纲要》，《云南省政府公报》，1938 年第 10 卷第 71 期。

《非常时期云南贵州监察区监察使署调查员视察工作纲要》，《云南省政府公报》，1938 年第 10 卷第 34 期。

《公务员惩戒法》，《司法公报》第 127 号，1931 年 6 月 20 日。

《郭忏被弹劾案违法渎职藐视法令二案监院审查成立移付惩戒》，《益世报》，1947 年 1 月 7 日，第 1 版。

《郭忏将军荣膺汉市荣誉市民》，《中央日报》，1947 年 1 月 18 日，第 4 版。

《郭忏贪污渎职案已移付惩戒监院发表纠弹案件》，《中央日报》，1946 年 11 月 26 日，第 4 版。

《国民政府训令（第二三八号）》，《国民政府公报》第 2321 号，1938 年 4 月 7 日。

《国民政府训令（渝字第四〇七号）》，《国民政府公报》渝字第 72 号，1938 年 8 月 6 日。

《行总邮汇局贪污案刑事部份交沪地院严监察使谈调查所见》，《中央日报》，1947 年 9 月 24 日，第 2 版。

《欢送吴监察使返苏工作记》，《复苏》第 3、4 期合刊，1942 年 6 月 15 日。

《监察法》，《总统府公报》第 52 号，1948 年 7 月 19 日，第 1 版。

《监察使丁超五弹劾文》，《监察院公报》，1935 年第 53 期。

《监察使丁超五灰日代电——报告视察宝山、南汇、川沙各县情形》，《监察院公报》，1936 年第 72 期。

《监察使高一涵呈报视察湖北钟祥襄堤情形（1936 年 3 月 18 日）》，《监察院公报》，1936 年第 75 期。

《监察使署办事规则》，《监察院公报》，1936 年第 92 期。

《监察使署办事通则》，《监察院公报》，1935 年第 30 期。

《监察使署请党部协助查案》，《上海党声》，1935 年第 1 卷第 28 期。

《监察使署组织条例》，《国民政府公报》第 2551 号，1946 年 6 月 20 日，第 5-6 版。

《监察使署组织条例》，《监察院公报》，1936 年第 77 期。

《监察使署组织条例》，《立法院公报》，1942 年第 118 期。

《监察使署组织条例》，《监察院公报》，1936 年第 77 期。

《监察使巡回监察规程》，《监察院公报》，1934 年第 23 期。

《监察使巡回监察规程》，《监察院公报》，1935 年第 30 期。

《监察使之巡回监察》，《上海党声》，1935 年第 1 卷第 20 期。

《监察院的回顾与前瞻》，《独立评论》第 148 号，1935 年 4 月 28 日。

《监察院第三十三次会议纪录》，《监察院公报》，1935 年第 57 期。

《监察院发表弹劾纠举建议案》，《大公报》，1946 年 1 月 28 日，第 3 版。

《监察院湖南湖北监察区监察使署工作概况》，《监察院公报》，1935 年第 58 期。

《监察院及监察委员收受人民书状办法》，《南京市政府公报》第 5 卷第 3 期，1948 年 8 月 15 日。

《监察院监察区分区表》，《监察院公报》，1934 年第 23 期。

《监察院监察区分区计划》，《监察院公报》，1931 年第 1 期。

《监察院近两周来弹劾纠举建议各案惩戒成都货物税局局长李若洲公务员还乡安家费请从优补助》，《中央日报》，1946 年 1 月 27 日，第 3 版

《监察院收受人民书状办法》，《监察院公报》，1933 年第 19 期。

《监察院调查规则》，《监察院公报》，1934 年第 21 期。

《监察院新疆监察区监察使署组织条例》，《立法院公报》，1943 年第 127 期。

《监察院训令（机字第六九五号）》，《监察院公报》，1936 年第 84 期。

《监察院组织法》，《监察院公报》，1933 年第 19 期。

《监察院组织法》，《监察院公报》，1936 年第 77 期。

《监察院组织法》，《总统府公报》第 1 号，1948 年 5 月 20 日，第 8 版。

《监察制度之精义》，《中兴周刊》，1935 年第 4 卷第 24 期。

《监院弹劾纠举案》，《中央日报》，1947 年 4 月 1 日，第 2 版。

《监院今选行署委员委员推选办法修正通过并决定组织四个巡察团》，《中央日报》，1948 年 7 月 28 日，第 2 版。

《监院通过行署组织于院长说明国家财政困难大会同意减少十二个行署》，《中央日报》，1948 年 6 月 30 日，第 2 版。

《监院重视东北粮荒决定查明真实情形请当局速空运粮济长春通过成立新疆监委行署》，《中央日报》，1948 年 10 月 6 日，第 2 版。

《建议救济苏南教育案》，《监察院公报》，1943 年渝版第 3 期。

《建议统筹苏南驻军及地方团队给养案》，《监察院公报》，1943 年渝版第 3 期。

《健全监察制度》，《时代周刊（重庆）》，1946 年第 14 期。

《江苏监察使请辞邀准将专心办理新闻事业》，《时事公报》，1947 年 2 月 3 日，第 2 版。

《江苏镇江地方法院江都分院院长许治新假借权威霸占民产案》，《监察院公报》，1936 年第 88 期。

《接收工作清查团沪杭组一行抵沪》，《时事公报》，1946 年 7 月 24 日，第 2 版。

《清查团》，《礼拜六（复刊）》第 44 期，1946 年 9 月 21 日。

《清查团一行昨抵杭着手清查接收物资》，《时事公报》，1946 年 9 月 11 日，第 2 版。

《庆贺“接收”一年并送“接收清查团”离沪》，《经济周报》第 3 卷第 11 期，1946 年 9 月 12 日。

《如何树立完整之监察机构》，《远东杂志》，1937 年第 2 卷第 5 期。

《社论：各区监察使与地方政治改革》，《益世报》，1935 年 5 月 2 日，第 1 版。

《四川省政府训令（秘一字第一一八八〇号）》，《四川省政府公报》原第 254 期，1941 年 8 月 1~5 日。

《苏浙监署表示决心与贪官污吏豪门奸商搏斗望人民破除情面明辨是非》，《宁波日报》，1948 年 9 月 6 日，第 2 版。

《苏浙监署在沪公布孙科妥支纠举书》，《宁波日报》，1949 年 3 月 19 日，第 2 版。

《苏浙监委行署收受人民书状》，《宁波日报》，1948 年 9 月 24 日，第 3 版。

《提劾湖南衡阳县县长宋鋆非法受理私行拘禁渎职犯刑案》，《监察院公报》，1936 年第 88 期.

《委员杨谱笙刘成禺朱宗良审查报告书》，《监察院公报》，1936 年第 88 期。

《委员杨仁天朱宗良李正乐审查报告书》，《监察院公报》，1935 年第 53 期。
《宪法上监察权的问题》，《东方杂志》，1933 年第 30 卷第 7 号。
《乡人动态》，《苏讯月刊》，1942 年第 41、42 期合刊。
《向接收工作清查团进一言》，《经济周报》第 3 卷第 6 期，1946 年 8 月 8 日。
《修正公务员惩戒委员会组织法》，《司法院公报》第 125 号，1934 年 6 月 2 日。
《修正监察委员保障法》，《立法院公报》，1932 年第 40 期。
《修正考试法》，《司法院公报》第 60 号，1933 年 3 月 4 日。
《宣慰收复区同胞各区监察使出巡纠弹不肖收复人心》，《中央日报》，1945 年 11 月 11 日，第 2 版。
《训令：为江苏监察区监察使代电对于惩处汉奸实况建议纠正案希切实查禁》，《台湾省行政长官公署公报》春字第 12 号，1946 年 3 月 11 日。
《杨亮功谈皖视察观感我军纪律严明人心镇定日人焚杀抢掠民众愤恨》，《大公报（香港）》，1940 年 3 月 5 日，第 1 版。
《中华民国国民政府组织法》，《司法公报》，1929 年第 1 号。
《中华民国宪法》，《国民政府公报》第 2715 号，1947 年，第 3 版。
《中华民国刑法》，《立法院公报》，1935 年第 66 期。
《中华民国训政时期约法》，《司法公报》第 126 号，1931 年 6 月 13 日。
《中央公务员惩戒委员会决议书（鉴字第四五零号）》，《司法公报》第 178 号，1937 年 4 月 8 日。
《中央公务员惩戒委员会决议书（鉴字第五五六号）》，《国民政府公报》渝字第 83 号，1938 年 9 月 14 日，第 17-18 页。
《尊重人民身体自由县府不得任意拘禁监押程监察使建议省府通令遵办》，《苏讯月刊，》，1946 年第 67 期。
陈霞飞：《接收清查团怎样打发在上海的五十天》，《文萃》，1946 年第 47 期。
干健：《为甘宁青监察使进一言》，《新青海》，1935 年第 3 卷第 6 期。
公正：《国民对于清查团之期望》，《建国公论》，1946 年，第 1 卷第 1 期
李宗黄：《总理遗教中之监察制度》，《中央党务月刊》，1935 年第 87 期。
刘侯武：《强化监察制度之商榷》，《建设研究月刊》，1942 年第 6 卷第 6 期。
于右任：《监察使之设置与国家政治之推进》，《上海党声》，1935 年第 1 卷第 18 期。

三、文献

（一）民国时期文献

《申报年鉴》，上海：申报年鉴社，1933 年。

《申报年鉴》，上海：申报年鉴社，1934年。

《申报年鉴》，上海：申报年鉴社，1935年。

《申报年鉴》，上海：申报年鉴社，1936年。

《申报年鉴补编》，上海：申报年鉴社，1935年。

《中华民国法规大全》第9册，上海：商务印书馆，1936年。

《中华年鉴》上册，南京：中华年鉴社，1948年。

国民政府编印：《国民政府政绩总报告》，1946年。

湖北省参议会编印：《湖北省参议会第一届第一次大会纪录》，1946年。

监察院编印：《监察院工作报告》（1），1945年4月。

监察院编印：《监察院工作报告》（1），1946年2月。

监察院编印：《监察院工作报告》（1），1947年2月。

监察院编印：《监察院工作报告》，1937年2月。

监察院编印：《监察院工作报告》，1939年11月。

监察院编印：《监察院工作报告》上册，1941年10月。

监察院编印：《监察院工作报告》上册，1942年10月。

监察院编印：《监察院工作报告》上册，1943年9月。

监察院编印：《监察院工作报告》上册，1944年5月。

监察院编印：《监察院施政概要》（1），1947年5月。

监察院编印：《监察院施政概要》，1938年10月。

监察院编印：《监察院施政概要》，1938年7月。

监察院编印：《监察院施政概要》，1939年2月。

监察院编印：《监察院施政概要》，1940年4月。

监察院编印：《监察院施政概要》，1941年11月。

监察院编印：《监察院施政概要》，1941年2月。

监察院编印：《监察院施政概要》上册，1944年9月。

监察院编印：《监察院职员录》，1931年。

监察院秘书处编印：《监察院工作报告》，1949年3月。

监察院秘书处编印：《监察院监察法令辑要》，1942年。

监察院秘书处编印：《修订监察院法令辑要》，1945年。

监察院人事室编印：《国民政府监察院职员录》，1947年。

监察院人事室编印：《监察院监察委员通讯录》，1948年。

接收处理敌伪物资工作清查团联合办事处编：《接收处理敌伪物资清查团工作总报告》，1947年。

中国国民党福建省党部编：《陈肇英先生言论集》，1937年。

（二）1949 年以后出版的文献

《革命先烈先进阐扬国父思想论文集》第 1 册，台北：“中华民国”各界纪念国父百年诞辰筹备委员会，1965 年。

《汉书》，北京：中华书局，1962 年。

《旧唐书》，北京：中华书局，1975 年。

《明史》，北京：中华书局，1974 年。

《清史稿》，北京：中华书局，1977 年。

《三国志》，北京：中华书局，1982 年。

《史记》，北京：中华书局，1982 年。

《宋史》，北京：中华书局，1977 年。

《孙中山全集》第 1—11 卷，北京：中华书局，1981—1986 年。

《文史通义》，上海：上海古籍出版社，2008 年。

《中国共产党第十八届中央委员会第三次全体会议公报》，北京：人民出版社，2013 年。

《资治通鉴》，北京：中华书局，1956 年。

曹铁安主编：《长沙大火》，长沙：岳麓书社，1997 年。

黄季陆、杜元载、秦孝仪主编：《革命人物志》第 1-23 辑，台北：中央文物供应社，1969—1983 年。

秦孝仪主编：《革命文献》第 90 辑，台北：中央文物供应社，1982 年。

荣孟源主编：《中国国民党历次代表大会及中央全会资料》上、下册，北京：光明日报出版社，1985 年。

唐润明主编：《抗战时期国民政府在渝纪实》，重庆：重庆出版社，2012 年。

王子壮：《王子壮日记》第 1 册，台北：“中央研究院”近代史研究所编印，2001 年。

许增紘主编：《于右任在重庆》，北京：团结出版社，2001 年。

政协甘肃省文史资料委员会编：《甘肃文史资料选辑》第 37 辑，兰州：甘肃人民出版社，1995 年。

中国第二历史档案馆编：《中华民国史档案资料汇编》第 5 辑第 1 编《政治》，南京：江苏古籍出版社，1991 年。

中国第二历史档案馆编：《中华民国史档案资料汇编》第 5 辑第 2 编《政治》，南京：江苏古籍出版社，1998 年。

中国第二历史档案馆编：《中华民国史档案资料汇编》第 5 辑第 3 编《政治》，南京：江苏古籍出版社，1999 年。

中国人民政治协商会议天津市委员会文史资料研究委员会编：《天津文史资料选辑》第 6 辑，天津：天津人民出版社，1980 年。

中国人民政治协商会议贵州省安顺市委员会文史资料研究委员会编：《安顺文史资

料》第3辑，1985年。

中国人民政治协商会议江苏省委员会文史资料研究委员会编：《江苏文史资料选辑》第15辑，南京：江苏古籍出版社，1984年。

中国人民政治协商会议全国委员会文史资料委员会编：《文史资料存稿选编》第12辑《政府·政党》，北京：中国文史出版社，2002年。

中国人民政治协商会议长沙市委员会文史资料研究委员会编：《长沙文史资料》第1辑，内部发行，1984年。

中国社会科学院近代史研究所编：《近代史资料》总123号，北京：中国社会科学出版社，2011年。

中国社会科学院近代史研究所编：《近代史资料》总124号，北京：中国社会科学出版社，2011年。

四、著作

（一）民国时期著作

厂民：《当代中国人物志》，南京：当代书店，1937年。

陈世材：《两汉监察制度研究》，上海：商务印书馆，1944年。

傅润华：《中国当代名人传》，南京：世界文化服务社，1948年。

高一涵：《中国御史制度的沿革》，上海：商务印书馆，1933年。

行政院新闻局印行：《监察制度的运用——怎样行使监察权》，1947年。

贾逸君：《中华民国名人传》，北京：北平文化学社，1937年。

监察院监察制度编纂处：《监察制度史要》，南京：汉文正楷印书局，1935年。

钱端升、萨师炯、郭登皞，等：《民国政制史》上册，上海：商务印书馆，1945年。

徐式圭：《中国监察史略》，上海：中华书局，1937年。

杨幼炯：《近代中国立法史》，上海：商务印书馆，1936年。

曾纪蔚：《清代之监察制度论》，上海：商务印书馆，1931年。

（二）1949年以后出版的著作

常泽民：《中国现代监察制度》，台北：商务印书馆，1979年。

陈宏彩：《行政监察专员制度比较研究》，北京：学林出版社，2009年。

陈奇星，等：《行政监督新论》，北京：国家行政学院出版社，2008年。

大陆杂志社编：《中国近代学人象传》初辑，台北：文海出版社，1985年。

杜兴洋主编：《行政监察学》，武汉：武汉大学出版社，2008年。

高大同：《高一涵先生年谱》，上海：上海文化出版社，2011年。

关文发、于波主编：《中国监察制度研究》，北京：中国社会科学出版社，1998年。

郭卿优主编：《中华民国时期军政职官志》，兰州：甘肃人民出版社，1990年。

侯志山:《外国行政监督制度与著名反腐机构》,北京:北京大学出版社,2004 年。

胡宝华:《唐代监察制度研究》,北京:商务印书馆,2005 年。

黄典权、林文龙,等编:《重修台湾省通志》卷 9,台北:台湾省文献委员会,1998 年。

景维民、张慧君、黄秋菊,等:《经济转型深化中的国家治理模式重构》,北京:经济管理出版社,2013 年。

李根源:《新编曲石文录》,昆明:云南人民出版社,1988 年。

刘国铭主编:《中国国民党百年人物全书》,北京:团结出版社,2005 年。

刘国铭主编:《中华民国国民政府军政职官人物志》,北京:春秋出版社,1989 年。

刘寿林、万仁元、王玉文,等编:《民国职官年表》,北京:中华书局,1995 年。

刘延涛:《民国于右任先生年谱》,台北:商务印书馆,1981 年。

刘宗武:《湖北新民主革命史:抗日战争时期卷》,武汉:华中师范大学出版社,2008 年。

苗培成:《皖赣工作纪要》,台北:现太印刷有限公司,1977 年。

苗培成:《往事纪实》,台北:正中书局,1979 年。

倪邦文、石国亮、刘晶:《国外廉政建设制度与操作》,北京:中国言实出版社,2013 年。

牛彤:《孙中山宪政思想研究》,北京:华夏出版社,2003 年。

潘长顺主编:《江流天地外——郭仲隗郭海长纪念文集》,郑州:河南人民出版社,1996 年。

彭勃主编:《中华监察大典》,北京:中国政法大学出版社,1993 年。

邱涛:《中华民国反贪史》,兰州:兰州大学出版社,2004 年。

邱永明:《中国古代监察制度史》,上海:上海人民出版社,2006 年。

仇君好:《诗剑弦歌——仇鳌传》,北京:中国文史出版社,2008 年。

孙伯南:《中国监察制度的研究》,台北:三民书局,1980 年。

陶百川:《比较监察制度》,台北:三民书局,1978 年。

田子渝:《湖北新民主革命史:解放战争时期卷》,武汉:华中师范大学出版社,2008 年。

王奇生:《党员、党权与党争——1924—1949 年中国国民党的组织形态》,北京:华文出版社,2010 年。

王人博:《宪政文化与近代中国》,北京:法律出版社,1997 年。

王英津:《台湾地区政治体制分析》,北京:九州出版社,2010 年。

王永祥、杨世钊主编:《中国现代监察制度史论》,福州:福建人民出版社,1998 年。

吴宗慈总纂:《民国江西通志稿》,南昌:江西省博物馆,1985 年。

夏勇:《文明的治理——法治与中国政治文化变迁》,北京:社会科学文献出版社,2012 年。

徐旭阳:《湖北国统区和沦陷区社会研究》，北京：社会科学文献出版社，2007 年。

徐友春主编:《民国人物大辞典》，石家庄：河北人民出版社，1991 年。

许海清:《国家治理体系和治理能力现代化》，北京：中共中央党校出版社，2013 年。

尤光付:《中外监督制度比较》，北京：商务印书馆，2013 年。

张健:《半哭半笑楼主——于右任传》，台北：近代中国出版社，1980 年。

张晋藩:《中国监察法制史稿》，北京：商务印书馆，2007 年。

张宪文，方庆秋，黄美真主编:《中华民国史大辞典》，南京：江苏古籍出版社，2002 年。

张晓京:《近代中国的“歧路人”——罗家伦评传》，北京：人民出版社，2008 年。

章剑生:《行政监督研究》，北京：人民出版社，2001 年。

赵贵龙:《中国历代监察制度》，北京：法律出版社，2010 年。

周继中主编:《中国行政监察》，南昌：江西人民出版社，1989 年。

（三）外文著作及中文译著

〔法〕孟德斯鸠著:《论法的精神》上册，许明龙译，北京：商务印书馆，2013 年。

〔美〕埃德加・博登海默著:《法理学：法律哲学与法律方法》，邓正来译，北京：中国政法大学出版社，2004 年。

〔美〕贾恩弗朗哥・波齐著:《国家——本质、发展与前景》，陈尧译，上海：上海人民出版社，2007 年。

〔美〕塞缪尔・P. 亨廷顿著:《变化社会中的政治秩序》，王冠华、刘为，等译，上海：上海人民出版社，2008 年。

〔美〕塞缪尔・亨廷顿、劳伦斯・哈里森主编:《文化的重要作用——价值观如何影响人类进步》，程克雄译，北京：新华出版社，2010 年。

〔美〕西达・斯考切波著:《国家与社会革命——对法国、俄国和中国的比较分析》，何俊志、王学东译，上海：上海人民出版社，2007 年。

〔新西兰〕杰米里・波普编著:《反腐策略——来自透明国际的报告》，王淼洋等译，上海：上海译文出版社，2000 年。

Galloway G B. Congress and Parliament：their organization and operation in the U.S. and the U.K. National Planning Association，1955.

Harris J P. Congressional Control of Administration. Westport：Greenwood Press，1980.

Herman F. Congressional investigations：the Bristish system. University of Chicago Law Review，1951，18（3）.

Malinowski B. A Scientific Theory of Culture and Other Essays. London：Routledge Press，2001.

五、论文

储建国:《国家治理现代化的新意》,《人民论坛》,2013 年第 12 期。

高永干:《台湾“监察院”述评》,中国人民大学 2000 年硕士学位论文。

何显明:《政府转型与现代国家治理体系的建构——60 年来政府体制演变的内在逻辑》,《浙江社会科学》,2013 年第 6 期。

何增光:《民国监督制度研究》,浙江大学 2004 年博士学位论文。

江必新:《推进国家治理体系和治理能力现代化》,《红旗文稿》,2013 年第 22 期。

李利军:《推进国家治理主体、治理方式和治理规则的现代化》,《中国发展观察》,2013 年第 11 期。

刘家义:《论国家治理与国家审计》,《中国社会科学》,2012 年第 6 期。

刘云虹、李青玉:《政治精英与权力监督——1931—1949 年国民政府监察委员组成分析》,《东南大学学报(哲学社会科学版)》,2006 年第 3 期。

刘云虹:《从“顾孟余案”看监察院的弹劾制度》,《民国档案》,2010 年第 4 期。

刘云虹:《国民政府监察院弹劾权的绩效分析》,《山东社会科学》,2012 年第 9 期。

刘云虹:《监察院研究(1931—1949)》,南京大学 2009 年博士学位论文。

刘云虹:《论孙中山的监察思想》,《东南文化》,2004 年第 5 期。

刘云虹:《论孙中山监察思想在国民政府时期的实践(1931~1949)》,《民国研究》,2011 年第 17 期。

鹿斌、周定财:《国内协同治理问题研究述评与展望》,《行政论坛》,2014 年第 1 期。

马克敏、王波:《孙中山监察思想述略》,《辽宁行政学院学报》,2008 年第 11 期。

苗蓓:《五权分立中的监察制度》,中国政法大学 2002 年硕士学位论文。

仇俊:《五院制度之比较研究》,国立武汉大学 1935 年第 5 届毕业论文。

孙学敏:《南京政府监察权的行使及其评析》,《辽宁大学学报(哲学社会科学版)》,2005 年第 6 期。

孙宗一、经盛鸿:《国民政府监察院分区监察制度研究》,《历史教学》,2013 年第 8 期。

孙宗一:《民国初年监察思想述论——以高一涵为中心的考察》,《学术界》,2014 年第 8 期。

唐皇凤:《新中国 60 年国家治理体系的变迁及理性审视》,《经济社会体制比较》,2009 年第 5 期。

陶伍樵:《中国现行监察制度》,国立武汉大学 1942 年第 12 届毕业论文。

田培杰:《协同治理概念考辨》,《上海大学学报(社会科学版)》,2014 年第 1 期。

王宏志:《明代监察制度》,《中国历史学会史学集刊(台北)》,1979 年第 11 期。

王嘉让:《十八大后行政监察工作要有新思路》,《陕西行政学院学报》,2013 年第

3 期。

王晓天:《孙中山的监察思想》,《求索》, 2007 年第 12 期。

王祖志:《孙中山五权宪法思想研究新见》,《法学研究》, 1999 年第 4 期。

吴秀玲:《论我国监察权的演变与未来发展方向》,《国家发展研究(台北)》, 2006 年第 1 期。

夏青:《孙中山行政监察思想述略》,《广东行政学院学报》, 1993 年第 1 期。

徐德刚:《论训政初期国民党党治下的行政监察机制》,《求索》, 2012 年第 3 期。

徐德刚:《五权宪法监察权研究》, 武汉大学 2006 年博士学位论文。

徐湘林:《转型危机与国家治理:中国的经验》,《经济社会体制比较》, 2010 年第 5 期。

杨茂林:《在深化改革中推进国家治理体系和治理能力现代化》,《前进》, 2013 年第 12 期。

杨曙光:《国民党训政时期监察制度评析》,《云南行政学院学报》, 2006 年第 1 期。

姚秀兰:《南京国民政府监察制度探析》,《政法论丛》, 2012 年第 2 期。

叶春秀:《国民政府监察院述论》, 中国政法大学 2001 年硕士学位论文。

曾丽玮:《南京国民政府监察制度述论》, 湘潭大学 2005 年硕士学位论文。

张爱华:《南京国民政府的文官监察制度对当今中国监察制度建设的启示》,《广西师范学院学报(哲学社会科学版)》, 2009 年第 4 期。

张冬辉:《南京国民政府监察使制度探析》,《求索》, 2012 年第 12 期。

张鹏旭:《南京国民政府中央公务员惩戒委员会惩戒实践研究》, 河南大学 2008 年硕士论文。

张琦:《南京国民政府监察使署述论》, 湘潭大学 2008 年硕士学位论文。

赵超:《中国监察制度》, 国立武汉大学 1933 年第 3 届毕业论文。

周成莉:《试论 1931—1936 年南京国民政府弹劾制度》, 吉林大学 2007 年硕士学位论文。

竹立家:《着力推进国家治理现代化》,《中国党政干部论坛》, 2013 年第 12 期。

后　记

在本书即将出版之际，我要特别感谢我的博士生导师朱庆葆教授，硕士导师经盛鸿教授，感谢关心和支持本书出版的盐城师范学院纪委副书记邵从清教授，南京信息工程大学马克思主义学院院长苏向荣教授，感谢在我求学、工作期间所有指导、关心、帮助过我的老师、专家和学友。为了本书的出版，科学出版社提供了大力的支持，刘英红老师和其他编审老师付出了辛勤的劳动，我也要向她们表示衷心的感谢！最后，我还要感谢多年来父母和亲友对我的关爱、理解和支持，感谢爱妻李莹的陪伴。今后，我定当黾勉努力，怀着一颗感恩的心回馈社会，报效国家！

孙宗一　盐城师范学院

2017年11月